Bont, Busnes a Byd y Bêl

Appy

Bont, Busnes a Byd y Bêl

Appy

MEIRION APPLETON

gyda Lyn Ebenezer

I Tomos, Elin, Siôn a Dylan

Argraffiad cyntaf: 2011

Dymuna'r cyhoeddwyr gydnabod cymorth ariannol
Cyngor Llyfrau Cymru

Llun y clawr: Arvid Parry-Jones
Cynllun y clawr: Y Lolfa

Rhif Llyfr Rhyngwladol: 978 1 84771 323 0

FSC

Cyhoeddwyd, rhwymwyd ac argraffwyd yng Nghymru gan
Y Lolfa Cyf., Talybont, Ceredigion SY24 5HE
gwefan www.ylolfa.com
e-bost ylolfa@ylolfa.com
ffôn 01970 832 304
ffacs 832 782

Y mae ein holl chwaraeon – heddiw'n iach,
    A'i ddawn ef sydd ddigon;
    Hwn gawr ar waith â'r bêl gron
    Am mai arwr yw Meirion.

Tudur Dylan Jones

1

RWY'N BLENTYN SAITH mlwydd oed. Rwy yng Nghapel Seion mewn priodas. Capel Seion yw enw'r capel a'r pentref. Gyda mi mae Rhiannon, fy nghyfnither agosaf, merch i un o frodyr Mam. Rydyn ni'n dal tusw o flodau. Rwy'n camu ymlaen yn swil gyda Rhiannon ac yn gosod y blodau yn nwylo'r briodferch. Mae llawer o'r gwesteion yn gwenu ac yn curo dwylo.

Nid pawb sy'n curo dwylo. Gwelaf ambell un yn sibrwd wrth un arall. Mae ambell un hefyd yn cwpanu ei law am ei geg ac yn sisial i'w lawes. Am beth maen nhw'n siarad? Am bwy maen nhw'n siarad? Wn i ddim. Rwy'n rhy hapus i feddwl rhyw lawer am y peth. Mae hwn yn ddiwrnod mawr i'r ddau sy'n priodi. William John Appleton yw'r priodfab. Y briodferch – ac mae hi'n edrych yn dlws – yw Mam.

Aeth rhai blynyddoedd heibio cyn i mi ddechre holi cwestiynau. Sut allwn i, yn saith oed, fod ym mhriodas fy mam fy hunan? A fu hi'n briod o'r blaen? Oedd ei gŵr cyntaf, sef fy nhad go iawn, wedi marw? Na, allai hynny ddim bod. Fe fyddai Mam wedi dweud wrtha i. Yn amlwg, ces fy ngeni cyn i Mam briodi William John Appleton. Meirion Daniel oeddwn i cyn hynny. Ai William oedd fy nhad, ond nad oedd yn briod â Mam ar y pryd? Fel 'Dad' fyddwn i'n ei adnabod. Neu ai rhywun arall oedd fy nhad iawn? Fe ddechreuodd y cwestiynau droi a throsi yn fy mhen fel haid o adar eira.

APPY

Yn 1947, adeg y lluwchfeydd mawr, rwy'n cofio
Mam yn mynd â fi at stand laeth gerllaw'r fferm.
Roedd yr eira i fyny at dop y cloddiau. Mae gen i gof
o Mam yn fy nghodi ar ben y stand laeth, a phwy
oedd yn sefyll yno yr ochr arall i'r lluwchfeydd eira
ond dyn lleol o'r enw Harford Davies. Am ryw reswm
fe waeddais 'Dad!' Ac yna dyma Mary Brynllwyd,
menyw leol oedd yn digwydd sefyll gerllaw, yn sibrwd
'Ust! Paid â dweud pethe gwirion, grwt!' Beth wnaeth
i mi ei alw'n 'Dad' y diwrnod hwnnw? Duw a ŵyr.

Yn araf yn hytrach nag fel fflach o oleuni y daeth
yr ateb. O gliw i gliw y tyfodd y dystiolaeth. Daeth y
cliw cyntaf – a'r mwyaf – oddi wrth fy ffrind agosaf,
Roger. Un dydd, a minne yn fy arddegau cynnar, fe
ddywedodd Roger ei fod e a fi'n perthyn. Yn ôl Roger,
ei dad e, Harford, oedd fy nhad inne hefyd. Roedd e
wedi clywed rhywun yn dweud hynny. Flynyddoedd
wedyn fe ddeallais mai dim ond hanner y gwir ges i
gan Roger. Fel y gwnes i amau, Harford oedd fy nhad
biolegol. Ond nid fe oedd tad Roger, er ei fod e'n byw
ar yr aelwyd ac mai 'Dad' y galwai Roger e.

Ymhen rhai blynyddoedd fe ddes o hyd i doriad
o'r *Cambrian News* – adroddiad priodas Mam a
William John yr oedd Rhiannon, fy nghyfnither, wedi
ei gadw. Doedd dim sôn amdana i tan y diwedd, pan
ddywedwyd fy mod i a Rhiannon wedi cyflwyno tusw
o flodau i'r briodferch. Doedd dim cyfeiriad o gwbl at
y ffaith mai fi oedd ei fab.

Roeddwn yn llanc yn fy arddegau hwyr cyn i mi
gael yr ateb yn llawn. Ie, fy nhad oedd Harford Davies,
gweithiwr gyda'r Comisiwn Coedwigaeth oedd yn byw
yn ymyl ein teulu ni yng Nghapel Seion. Daethom, y
ddau ohonom, i adnabod ein gilydd yn dda. Ond ni

8

ddangosodd y naill na'r llall ohonom erioed ein bod yn gwybod y gyfrinach. Wnaethon ni erioed gydnabod ein perthynas. Aeth Harford i'w fedd heb i mi ei alw'n Dad a heb iddo fe fy nghydnabod i fel mab. Rhyw ohirio'r peth wnawn i. Ond o wneud hynny ro'n i'n mynd ymhellach oddi wrtho, rhyw geisio'i ddileu o'm meddwl.

Rhyfedd fel mae rhywun yn dod i wybod rhywbeth a hithau'n rhy hwyr. Ro'n i'n briod fy hun pan welais gopi o fy nhystysgrif geni. Cofnodai i mi, Dennis Meirion, gael fy ngeni ar yr 22ain o fis Gorffennaf 1942 yn fab i Myfanwy Daniel. Gyferbyn â'r lle ble dylai enw fy nhad fod roedd y gair Saesneg 'Unknown'.

Ddangosodd Mam erioed mo'r dystysgrif i mi. Ond yn ei dyddiau olaf, cyn iddi farw yn 2008, fe roddodd y ddogfen i Gret, fy ngwraig, i'w chadw. Roedd hi'n rhy hwyr erbyn i mi glywed i Mam druan gael ei bwrw o'r capel am gyfnod o ganlyniad i'w phechod o esgor ar blentyn siawns. Tebyg i hynny ddigwydd yng ngŵydd aelodau'r capel. Felly y byddai pethe'n digwydd bryd hynny. Fedrwn i ddim dychmygu'r gwarth y bu'n rhaid iddi ei ddioddef. Mae'n rhaid ei bod wedi cario'r euogrwydd weddill ei bywyd.

Ni soniodd Mam am y peth erioed, ond o dipyn i beth fe ddaeth y darlun yn gliriach. Mae yna rai cwestiynau na chaf byth ateb iddyn nhw. Un cwestiwn sydd heb ei ateb yw pam yr anfonwyd Mam i ysgol yn Aberystwyth yn hytrach nag i'r ysgol leol? I Ysgol Capel Seion yr aeth ei brodyr a'i chwiorydd. Ond anfonwyd Mam i Ysgol y Cwfaint yn Aberystwyth. Mae'r peth yn dal yn ddirgelwch.

Roedd Mam yn un o naw o blant o briodas gyntaf ac ail briodas y tad. I'r ail briodas y perthynai Mam ac fe fu farw ei mam wrth iddi eni'r pedwerydd plentyn pan oedd hi ond yn 32 oed. Yn ei thro, Mam oedd yr olaf o'r naw i farw. Fe fu farw Ben, brawd ieuengaf Mam, yn ifanc hefyd ar ôl cael ei gicio rhwng ei goesau gan fuwch. Roedd Tad-cu, Benjamin Daniel Tafarn Crug, yn gymeriad arbennig. Fe gladdodd ei wraig, priodi ei forwyn a chael plentyn gyda honno mewn llai na blwyddyn. Doedd dim sôn iddo fe gael ei fwrw allan o'r capel. Ond dyna fe, roedd e'n flaenor.

Fe fu farw Tad-cu pan o'n i tua thair oed. Ond rwy'n cofio'n dda amdano yng nghornel cegin Tafarn Crug, lle ces fy ngeni. Roedd ganddo glustiau mawr ac fe fydde fe'n gwisgo trowser cordyrói brown a chrys gwlanen a gwasgod. Châi neb smygu yn ei gyfyl – fedrai e ddim goddef hynny. Rhyw fath o *gentleman farmer* oedd e ac ar ei orsedd yng nghornel y gegin y byddai'n teyrnasu. Byth a hefyd fe fydde fe'n pori drwy ei lyfrau crefyddol – esboniadau gan mwyaf.

Ar ddiwrnod marchnad ar ddydd Llun fe fyddai'n cario nwyddau i'w gwerthu i lawr yn Aberystwyth. Yna, bob dydd Iau, byddai'n gwerthu o gwmpas y tai. Roedd gen i ofn marwol ohono. Pan o'n i'n blentyn roedd Leah, chwaer Mam, yn byw yn Nhafarn Crug gyda Mam a dau o'i brodyr. Rhyngon ni i gyd, a'r ail wraig, doedd dim llawer o le. Fe fyddwn i'n siario'r stafell wely gefn gyda Mam a Leah. A dyna ble'r o'n i, yn blentyn bach, yng nghanol llond tŷ o oedolion. Y noson y bu farw Tad-cu rwy'n cofio'r doctor, sef Clifford Jones, yn dod i mewn a finne'n cael fy anfon o'r ffordd i'r llofft stabal. Ac yno, gyda dau ewythr, y cysgais y noson honno.

Mae'r holl fater o chwilio am fy nhad go iawn wedi chwarae rhan flaenllaw gydol fy mywyd. Fe fyddai'n siŵr o godi ei ben bob tro y byddai yna achlysur teuluol. Pan fu farw William John yn 1993 ro'n i ym Manceinion ar fusnes. Fe wnes i yrru adre'r bore wedyn a mynd i weld Mam. Fe helpais hi i drefnu'r angladd, ac ar y diwrnod roedd pobl yn cydymdeimlo â fi. Ro'n i'n gorfod cnoi fy nhafod. Dyma ble'r oedd y bobl hyn yn cyfeirio ato fel fy nhad a hwythau'n gwybod yn iawn nad fe oedd fy nhad. Ar yr un pryd, roedd yna rai nad oeddent yn sylweddoli nad William John oedd fy nhad biolegol. Roedd y mater wedi ei gadw mor dawel gan y teulu. Ar y ffordd adre o'r amlosgfa yn Arberth fedrwn i ddim credu mor dwyllodrus fu pobl dros y blynyddoedd. Ac i beth?

Dyn o Gwmystwyth oedd William John – tipyn o dderyn oedd wedi byw bywyd llawn. Bu'n filwr yn yr Ail Ryfel Byd. Fel gyrrwr gyda chwmni bysus Crosville roedd pawb o fewn ardal eang yn ei adnabod. Roedd e'n dynnwr coes a chanddo ateb parod bob amser, ac yn ddyn ffraeth a phoblogaidd. Ond ar yr aelwyd roedd e'n ddisgyblwr llym, er na fedra i ddweud iddo erioed godi llaw yn fy erbyn.

Fe briododd e a Mam yn 1950. Mae gen i gof plentyn o fam Wil, Mam-gu Cwmystwyth, yn dweud wrtho y byddai'n rhaid iddo newid ei ffordd o fyw nawr. Oedd, roedd e'n dipyn o dderyn mae'n rhaid, a newidiodd e ddim yn llwyr chwaith. Rwy'n cofio Mam yn crio un tro am i Wil fod i ffwrdd am dridiau a hithau ddim yn gwybod beth oedd wedi digwydd iddo. Wnaeth e'm sôn erioed am ei fywyd yn y fyddin. Yn ôl yr hyn a glywais gan bobl eraill fe gafodd fywyd caled. Mae'n debyg iddo, yn dilyn un frwydr, orfod claddu rhai o'i ffrindiau agosaf. Ond fe gadwodd e'r cyfan iddo'i hunan.

Ar ôl i mi ddod i wybod pwy oedd 'nhad, fe wnaeth y ddau ohonon ni gyfarfod droeon. Yn wir, ro'n i'n ei adnabod e'n dda. Fel mecanic gyda'r Comisiwn Coedwigaeth, fe fyddai'n galw yn y garej lle ro'n i'n gweithio ddwywaith neu dair yr wythnos. Ond er i ni sgwrsio â'n gilydd byth a hefyd, ddangosodd e ddim arwydd o gwbl mai fe oedd fy nhad biolegol. A ddangosais inne erioed fy mod wedi dod i wybod y gyfrinach.

Y tro cyntaf i mi ddatgelu wrth unrhyw un enw 'nhad go iawn, er bod Gret fy ngwraig yn gwybod erbyn hynny, oedd wrth fy mhlant pan ddaethon nhw'n ddigon hen i ddeall. Fe fu hynny'n rhyddhad ac fe ddiolchon nhw i mi am ddweud y gwir. Roedden nhw, wrth gwrs, yn meddwl am fy llystad fel eu tad-cu.

Fe wn i nawr fod rhai'n arfer teimlo'n lletchwith yn fy nghwmni pan fyddai rhywun yn cyfeirio at William John fel fy nhad. Dyna un o fy ffrindiau agosaf, Lloyd Thomas, er enghraifft. Roedd Lloyd yn ffrind agos i Harford hefyd, y ddau ohonyn nhw'n chwarae yn yr un tîm dartiau ac yn cwrdd yn gymdeithasol ddwywaith neu dair bob wythnos. Un noson, wrth rannu diod yn y tŷ, dyma fi'n cyfeirio at Harford fel 'nhad. Fe gafodd Lloyd a'i wraig, Gwenda, sioc ryfeddol. 'Wyt ti'n gwbod!' medde Gwenda. Dyna'r tro cyntaf iddyn nhw sylweddoli fy mod i'n gwybod y gwir. Ond mae yna rai nad ydynt yn gwybod o hyd ac eraill yn gwybod ond heb sylweddoli 'mod i'n gwybod hefyd.

Wrth i'r blynyddoedd fynd yn eu blaenau, fe wnes i sylweddoli bod yna nifer fawr yn yr un sefyllfa â fi, yn blant siawns oedd wedi dod yn ymwybodol o hynny drwy hap a damwain. Ond i blentyn siawns, yn enwedig ar ddechre'r pumdegau pan oedd y fath beth yn gymaint o stigma, doedd hynny fawr o gysur. Yn achos y mwyafrif oedd yn yr un sefyllfa â fi, roedd y tad biolegol naill ai wedi marw neu wedi symud o'r ardal. Ond ro'n i'n byw o fewn chwarter milltir i fy nhad go iawn ac yn ei weld bron yn ddyddiol.

O ddod i wybod y gwir fe gododd rhyw faich oddi ar fy ysgwyddau. Ond fe ddaeth y gwirionedd â siom yn ei sgil hefyd – siom nad oedd Mam wedi dweud y gwir wrtha i erioed. Wrth iddi heneiddio fe aeth yn llawer anoddach iddi ddatgelu'r gwir, mae'n rhaid, ac i minne fagu digon o blwc i'w holi. Fe fu farw heb ddweud yr hanes wrtha i.

Yn ddiweddar iawn fe welais ffotograff o ddathliad pen-blwydd priodas gŵr a gwraig o'r ardal. Roedd Mam yn y llun, ac ymhlith y criw roedd nifer o aelodau teulu Harford. Roedd pawb yn ymddangos yn hapus, pawb yn gysurus ac yn gwenu ar y camera. Rwy'n rhyw deimlo bod y fro gyfan wedi dod ynghyd a phenderfynu na chawn i wybod y gwir. Rhyw gau'r rhengoedd, fel petai.

Ni wnaeth yr amheuaeth am fy nhadolaeth ddifetha hapusrwydd fy mywyd o gwbl. Ond fe fu'n fater o ddyfalu. Un peth rwy'n falch ohono yw fy mod i wedi llwyddo i ddweud y gwir wrth fy mhlant. Yn dilyn hynny, rwy'n cofio Ffion yn troi ata i un tro a dweud yn dawel, 'Ry'n ni'n ddiolchgar iawn i Harford am roi tad fel ti i ni.'

Un dydd ro'n i'n helpu Gari y mab yn ei siop pan ddaeth hen ffrind i mewn. Roedd Gareth Davies yn gyn-heddwas ac wedi bod yn chwarae dros y Bont yn yr un tîm â fi. Roedd e'n gwisgo tei ddu. Fe ofynnais iddo pwy oedd wedi'i gladdu.

'O, fyddet ti ddim yn ei nabod e,' medde Gareth. 'Bachan o'r enw Harford Davies oedd e.'

Oedd, roedd fy nhad biolegol wedi marw ac wedi'i gladdu a finne'n gwybod dim. Fe fu'n rhaid i mi fynd i'r cefn i grio.

Ar wahân i'r obsesiwn o chwilio am fy nhad, dim ond un cysgod arall wnaeth fy mlino yn ystod fy mhlentyndod. Un dydd, pan o'n i tua naw oed, ro'n i ar fferm Gilfach-goch lle'r oedd Wncwl Defi John ac Anti Meri yn ffermio. Yn sydyn fe gwympes i ac fe gloiodd fy mhen-glin. Fedrwn i ddim symud. Fe gariodd Defi John fi adref filltir a hanner, yr holl ffordd. Yn wir, ro'n i wedi torri fy mhen-glin. Er i Mam fynd â fi at y doctor drannoeth bu'r goes yn hir yn gwella. Yna fe ganfuwyd bod TB ar yr asgwrn.

Er i mi gael triniaeth, roedd y goes yn gwaethygu. Yn wir, ro'n i mor wael nes i'r arbenigwyr meddygol benderfynu mai'r unig ateb fyddai torri'r goes i ffwrdd. Fe aethon nhw mor bell â threfnu'r llawdriniaeth i fyny yng Nghaeredin. Doeddwn i ddim yn gwybod unrhyw beth am hyn. Ond un noson fe alwodd cynghorwr lleol. Roedd ganddo lais cryf ac o'r stafell wely fe'i clywais yn gofyn i Mam pryd fyddwn i'n mynd i Gaeredin a llais Mam yn ei rybuddio i dawelu. Fe wyddwn i wedyn fod rhywbeth mawr ar fin digwydd.

Diolch i Dduw, fe ddechreuodd y goes wella ond bu'n frwydr hir. Y Nadolig cyntaf i mi ei dreulio yn fy ngwely roedd Santa Clôs i fod i alw yn yr ysgol. Ro'n i'n torri 'nghalon am fy mod i'n mynd i'w golli. Ond fe drefnodd y brifathrawes, Beryl Jenkins, ei fod e'n galw i 'ngweld i'n bersonol.

O 1950 i 1952 bu fy mhen-glin mewn plastr a hynny

o'r morddwyd i lawr hyd at fysedd fy nhraed. Fedrwn i ddim symud o fy ngwely. Erbyn hyn roedden ni wedi symud tŷ, ar ôl i Mam briodi, i le o'r enw Cherry Tree ym Mhant-y-crug. Tŷ gweddol fach oedd e, byngalo, ac fe ges i fy nghyfyngu i'r stafell wely. Am bron i ddeunaw mis, dyna lle treuliais fy amser heb symud fawr ddim. Golygodd y salwch golli'r ysgol am ddwy flynedd a hynny ar adeg bwysicaf fy addysg gynradd. Fe ges i sefyll fy arholiad 11+ gartref yn y gwely ond doedd gen i fawr o obaith pasio.

Yn ystod y cyfnod hwnnw fe symudon ni eto o Cherry Tree i Tegfan ar draws y ffordd. Rwy'n cofio cael fy nghario i fy stafell wely newydd ym mreichiau William John. Yr arbenigwr fyddai'n galw i 'ngweld oedd Doctor Rocyn-Jones. Fe, bryd hynny, oedd Llywydd Undeb Rygbi Cymru.

Pan ddaeth yr amser i'r plastr gael ei dynnu fe ges i sioc anferth o weld bod y goes wedi teneuo i hanner trwch y llall. Fe ges i ffon gan Mam-gu Cwmystwyth ac rwy'n cofio gorfod ailddysgu cerdded. Ro'n i'n benderfynol y gwnawn lwyddo i gerdded eto.

Un peth y gwnaeth y salwch fy amddifadu ohono, wrth gwrs, oedd y cyfle i gicio pêl. Yr unig gicio pêl wnes i fel plentyn oedd ar ôl gwella pan alwai'r postmon, Dai Daniel. Fe fyddai'r ddau ohonon ni'n mynd i gae Ffynnon Oer yn ymyl y tŷ. Roedd gen i bêl ledr go iawn ac yno y bydden ni'n cicio'r bêl at ein gilydd. William John brynodd y bêl i mi a byddai'n ei chadw mewn cyflwr da ar fy nghyfer, gan ofalu nad oedd hi'n mynd yn fflat a'i mendio os byddai draenen yn ei thyllu.

Un tro fe giciais i'r bêl drwy ffenest capel bach Pant-y-crug. Fe falodd y gwydr ond ro'n i wedi cicio'r

bêl mor galed nes iddi hitio'r wal y tu mewn a saethu
allan drwy'r union dwll yr aeth hi drwyddo ar y
ffordd i mewn. Fe wnes i wadu mai fi fu'n gyfrifol ac
roedd pawb yn fy nghredu gan fod y bêl yn dal yn fy
nwylo. Dyma'r tro cyntaf i mi gyfaddef mai fi oedd y
troseddwr.

Pan o'n i'n fach roedd yna ysgol Sul yn ysgoldy
Pant-y-crug. Fe fyddwn i'n mynd bob pnawn Sul er na
fedra i honni fy mod i'n edrych ymlaen at hynny. Ond
roedd disgwyl fy mod i'n mynd yn llaw Mam. Oedd,
roedd hi wedi cael ei derbyn yn ôl erbyn hynny. Mary
Richards oedd yr athrawes. Roedd Edwin ei gŵr yn
flaenor. Yno y dysgais i'r Tonic Sol-ffa.

Yn y gwasanaeth nos wedyn roedd disgwyl i ni'r
plant fynd ymlaen i ddweud adnod. Roedd crefydd yn
bwysig i Mam, er gwaetha'r ffordd y gwnaeth crefydd
ei thrin. Roedd ei thad yn ddyn mawr yn y capel.
Mae'r hyn ddigwyddodd i Mam wedi fy ngwneud i
braidd yn llugoer tuag at grefydd. Wnes i erioed fynnu
bod fy mhlant yn mynychu addoldy er bod Ffion yn
aelod o gapel Cymraeg yn Llundain. Fe fedyddiwyd ei
meibion hi yno a phan fydda i yn Llundain fe fydda
i'n mynd i'r capel weithiau gyda hi a Gret.

Dydw i ddim yn beio crefydd. Ond crefyddwyr
wnaeth fy nghadw i rhag y gwir. Camddefnyddio
crefydd oedd yr hyn wnaethon nhw i Mam. Rhagrith
fu ei gwrthod hi. Oherwydd eu rhagrith rwy mewn
sefyllfa nawr lle mae gen i berthnasau na wyddwn
i fel plentyn eu bod nhw'n perthyn i mi, a dydyn ni
ddim yn siarad. Yn wir, oherwydd y rhagrith hwnnw
rwy wedi cael fy amddifadu rhag hanner fy nheulu.
Mae hi'n sefyllfa wirion bost. Mae bai arnaf finne.
Mae Mam wedi marw a does dim byd felly'n fy atal

rhag closio atyn nhw. Ond dydw i ddim wedi gwneud hynny.

Ar wahân i'r ddwy flynedd goll, fe wnes i fwynhau bywyd yn Ysgol Capel Seion. Doedd iard yr ysgol ddim yn addas fel lle i chwarae pêl-droed. Ar un adeg, drws y toilet oedd un o'r gôls. Yr unig ateb wrth i ddau dîm o bump chwarae yn erbyn ei gilydd oedd hawlio gôl bob tro yr âi'r bêl heibio i chwaraewr olaf y tîm arall. Wedyn fe osodwyd tarmac ar wyneb yr iard. Cymaint oedd yr hapusrwydd fe allech feddwl i lain Wembley gael ei gosod yno.

Fy hoff bwnc yn yr ysgol oedd arlunio. Ro'n i'n dda iawn am dynnu lluniau. Y tu allan i oriau ysgol doedd gen i fawr neb i chwarae â nhw. Dim ond tri o fechgyn oedden ni ym Mhant-y-crug – Roger, Dilwyn a fi. Ond doedd ganddyn nhw ddim diddordeb mewn pêl-droed. Dringo coed, chwarae concyrs a hel nythod adar oedd yn mynd â'u bryd nhw – rhyw ddiddordebau tymhorol gan mwyaf. Cicio pêl oedd fy niléit i.

Anfantais arall oedd na fyddai Mam yn hapus yn fy ngweld yn mynd allan i chwarae. Yn wir, roedd hi'n llawer rhy feddiangar ohona i. Petai Roger neu Dilwyn yn dod i chwarae a Mam yn fy ngalw i gael bwyd, fe fyddai'n rhaid iddyn nhw aros tu allan nes y byddwn i'n gorffen. Chaen nhw ddim dod i'r tŷ i ddisgwyl amdana i, heb sôn am gael paned. Roedd hynny'n gwneud i mi gywilyddio. Fe fyddwn i wedyn yn llowcio'r bwyd yn gyflym er mwyn cael mynd allan. Ond roedd y cywilydd am na châi fy ffrindiau ddod i mewn yn fwy na'r brys i fynd allan i chwarae.

I Mam, roedd cariad wedi troi'n hunanoldeb. Roedd William John yr un fath yn hynny o beth. Pan ddechreues i yrru fy nghar fy hun a'i fenthyca i rywun ar brydiau fe âi'n wallgof. Ni fedrai ddeall pam y byddwn yn dymuno benthyca'r car i neb. Byddwn inne'n ateb, 'Rwy'n rhoi benthyg y car iddo am ei fod e'n ffrind i mi.' Ond na, doedd e ddim yn deall.

Fe ddaeth yn amser i mi nawr fynd i'r ysgol uwchradd. Gan na wnes i basio fy arholiad 11+ ces fy anfon i Ysgol Dinas, a elwid bryd hynny yn ysgol fodern.

Roedd tîm pêl-droed yn yr ysgol, er mai dyn rygbi oedd yr athro chwaraeon, Jack Gravell. Does gen i ddim cof i ni chwarae mwy nag un gêm gystadleuol erioed, ac yn erbyn Tregaron oedd honno. Doedd gan yr ysgol ddim cae chwaraeon swyddogol felly fe chwaraeon ni'r gêm ar gae'r Cyngor ym Mhlascrug ar ôl oriau ysgol.

Yn yr ysgol uwchradd ro'n i wrth fy modd yn y dosbarthiadau gwaith coed ac fe enillais sawl cystadleuaeth arlunio yn yr Eisteddfod Genedlaethol. Rwy'n credu mai oddi wrtha i mae Ffion y ferch wedi cael y ddawn i gynllunio dillad chwaraeon.

Ces fy ngwneud yn brif swyddog a chael cynnig symud i fyny i Ysgol Ramadeg Ardwyn. Ond doedd fy rhieni ddim yn gweld gwerth yn hynny ac fe benderfynon nhw y dylwn i aros yn yr un man. Fe ddaeth yn amlwg wedyn beth oedd bwriad fy llystad. Roedd e wedi gwirioni'n bost ar geir ac roedd e am i mi fynd yn fecanic. Felly pan orffennais i yn yr ysgol yn bymtheg oed ces fy anfon i weithio fel prentis mecanic yn Nelson's Garage yn Aberystwyth, gan ennill £2 7s 9c yr wythnos.

2

SAFAI NELSON'S GARAGE ar dop y dre rhwng pen uchaf Heol y Wig a'r lôn gefn y tu ôl i Faes Lowri. Roedd y cwmni'n gwerthu ceir Vauxhall ac yn trwsio cerbydau hefyd. Roedd fy llystad yn awyddus iawn i mi fynd yno. Rwy'n tybio bod llawer o'i frwdfrydedd yn hunanol. Er gwaetha'i holl hoffter o geir, doedd ganddo ddim syniad am waith mecanyddol. Os na wnâi ei gar gychwyn – a digwyddai hynny'n aml – ei ateb oedd rhoi cic i un o'r olwynion. Wn i ddim sawl tro y bu'n rhaid i mi godi'n gynnar i roi hwb i'w gar pan wrthodai danio yn y bore. Nawr byddai ganddo ddarpar fecanic yn byw ar ei aelwyd.

Fe fu ganddo bob math o foduron, Morris Minor a Morris Tourer yn eu plith. Roedd y Tourer, yn arbennig, yn un oer yn y gaeaf am nad oedd ganddo unrhyw fath o wresogydd. Ar dywydd gwlyb byddai dŵr yn llifo drwy ochrau'r to. Dim ond rhacs wnâi e brynu, ond wrth iddo fedru fforddio mwy tueddai safon y ceir i wella'n raddol o gerbyd i gerbyd. Erbyn i mi ddechre gyrru'n swyddogol roedd ganddo Vauxhall Wyvern. A chwarae teg, fe brynodd fy nghar cyntaf i mi.

Ro'n i'n siomedig gorfod gadael yr ysgol ond roedd y rhyddid newydd yn dderbyniol iawn, er mai prin oedd yr enillion. Ro'n i'n un o tuag ugain yn gweithio yn y garej. Bob bore fe fyddwn i'n cerdded tua thri chwarter milltir i Gapel Seion. Oddi yno cawn fy nghludo weddill y ffordd yng nghar Wil Evans oedd yn gweithio mewn garej arall yn y dre. Fe fyddwn i'n talu tair ceiniog y dydd i Wil am lifft nôl ac ymlaen.

Ro'n i'n cychwyn gweithio am naw o'r gloch y bore a'r gwaith cyntaf fyddai brwsio'r llawr – fi a phump o brentisiaid eraill yn brwsio mewn un llinell ar hyd yr adeilad. Ymhlith y llanciau ifainc oedd yn gweithio yno roedd Ken Jones, bachan o'r Sowth oedd wedi dod i fyw i Aber gyda'i deulu. Roedd Ken, er nad oedd e fawr iawn hŷn na fi, yn hen ben ac yn rhyw gyfuniad o Teddy Boy a Beatnik. Y pier, lle'r oedd dawnsfeydd bob nos Wener a nos Sadwrn, oedd ei nefoedd. Rhyw Jack the Lad oedd Ken. Roedd e hefyd yn dipyn o athrylith, yn paentio lluniau ac yn cyfansoddi cerddi. Fel bachgen o'r wlad, byddwn yn ceisio gweithio yn ymyl Ken bob tro y medrwn i er mwyn dysgu arferion y *townies*.

Ffrind arall yn y gwaith oedd Mike Bunting. Ei dad oedd yn rhedeg busnes llysiau a ffrwythau Bantons. Un o weithwyr Bantons oedd Jimmy Reeves ac, yn ddiweddarach, fe oedd yr un wnaeth roi y cyfle cyntaf i mi chwarae gêm bêl-droed gystadleuol yn nhîm y YMCA. Jim oedd yn rhedeg y clwb a bydden ni'n tendio loris y cwmni yn y garej.

Y fforman oedd Ted Gibson, tad Leon a ddaeth wedyn yn brif weithredwr Cyngor Môn. Y rheolwr oedd Les Guy. A phan fyddai Mr David, y perchennog, yn galw heibio, druan ohonon ni. Fe fyddai Les yn mynnu bod popeth yn ei le a phob car nad oedd i fod yno'n cael ei symud allan. Yna, pan adawai Mr David, fe fydden ni'n eu symud nhw'n ôl unwaith eto.

Brwsio'r llawr, glanhau ceir oedd wedi'u trwsio a gwylio mecanics go iawn wrth eu gwaith fu hanes y misoedd cyntaf. I Nelson's y byddai pobl broffesiynol y dre i gyd yn dod â'u ceir – doctoriaid, twrneiod ac ati. Yn y cefn roedd pwmp petrol preifat. Doedden ni ddim yn gwerthu i'r cyhoedd, dim ond i rai oedd yn hurio ceir neu i gwsmeriaid arbennig, ond ar y pwmp hwnnw y bydden ni'n cael ymarfer ar gyfer llenwi tanciau doctoriaid ac yn y blaen. Roedd ceir crand gan y rhain i gyd. Rolls Royce oedd gan Doctor Owen Lloyd, er enghraifft. Un arall oedd Doctor Anderson o Bontrhydygroes. Roedd ganddo fe Vauxhall Cresta yr oedd wedi ei brynu oddi wrthon ni. Fe fu e am flynyddoedd ar bwyllgor Cymdeithas Bêl-droed Aberystwyth a'r Cylch.

O Abertawe y deuai Mr David, y prif ddyn. Roedd ganddo fe garej fawr yno hefyd ger Cae'r Vetch, maes pêl-droed Abertawe ar y pryd. Ymhen blwyddyn neu ddwy fe gawn i yrru i lawr yno i nôl gwahanol ddarnau ceir nad oedd ar gael yn Aberystwyth.

Ches i ddim gyrru car William John unwaith cyn i mi basio fy mhrawf gyrru, ar wahân i gael ambell wers. Yn y garej y gwnes i yrru am y tro cyntaf drwy symud y ceir yma ac acw. Fe fyddwn i hyd yn oed yn gyrru rhai ohonyn nhw allan i'r stryd gefn a rownd y bloc cyn i mi fod yn un ar bymtheg oed. Doedd hynny ddim yn gyfreithlon, wrth gwrs. Fe ddaeth un cwsmer i mewn heb frêcs ar ei gar. Fe yrrais i hwnnw i mewn i'r wal y tu allan. Roedd y ffender flaen yn yfflon.

Ar yr adeg pan ddechreuais i roedd gwaith cronfa ddŵr Nant-y-moch ar ei anterth. Fe fyddai lorïau rhai o'r contractwyr yn dod i mewn i gael eu trwsio ac, yn aml iawn, yr echel ôl fyddai wedi mynd. Roedd brys garw ar y Gwyddelod i orffen eu gwaith, a chymaint oedd eu hawydd i wneud arian nes eu bod yn dueddol o orlwytho. Rhwng Gwyddelod a milwyr oedd yn dod draw o wersyll Tonfannau ger Tywyn roedd y dre'n ferw, yn arbennig ar benwythnosau.

Yn ystod fy nghyfnod yn y garej y des i'n genedlaetholwr. Un dydd ym mis Chwefror 1963 fe alwodd myfyriwr ifanc i logi car. Rwy'n cofio mai Vauxhall Victor oedd e achos fi lenwodd y car â phetrol. Ychydig ddyddiau wedyn dyma weld llun y myfyriwr yn y papur. Roedd wedi cael ei gyhuddo o osod ffrwydryn ger argae Tryweryn. Ei enw oedd Emyr Llywelyn Jones ac yn nes ymlaen fe ddes i adnabod ei dad yn dda.

Bob amser cinio yn y garej fe fyddai'r ceir yn cael eu symud allan neu eu symud i'r ochrau er mwyn i ni gael gêm bêl-droed. Ymhlith y gweithwyr roedd Bill Ryan, un o'r amddiffynwyr canol gorau i chwarae yn yr ardal erioed. Fe oedd â gofal tîm y YMCA ar y pryd. Bu hefyd yng ngofal ail dîm Aberystwyth. Roedd yna gryn gicio a thaclo, ond ddywedais i ddim wrth neb am y broblem ges i gyda 'nghoes. A wnes i ddim sôn am y chwarae wrth Mam, wrth gwrs, neu fe fydde hi'n gofidio. Ro'n i'n dal i orfod mynd yn ôl yn achlysurol at y doctor am archwiliad. Yn wir, roedd y cicio bob awr ginio yn fodd i gryfhau'r goes.

Y gwaith mwyaf diflas yn y garej oedd gyrru allan i nôl ceir ar ôl iddyn nhw fod mewn damwain. Yn anffodus fe wnaeth fy llystad ddioddef dwy ddamwain a effeithiodd arno'n ddrwg tra oedd yn gyrru'r bysus. Un tro, yn gwbl ddamweiniol, fe lithrodd plentyn dan olwyn y bws yn Llanbadarn Fawr ac fe gafodd ei ladd. Dro arall, a finne'n gweithio yn Nelson's, ces fy anfon allan i nôl car oedd wedi bod mewn damwain â bws. Roedd gyrrwr y car wedi'i ladd. Fe ges i sioc anferth o glywed ar ôl mynd adre mai gyrrwr y bws oedd William John. Unwaith eto, doedd dim bai arno fe. Ond fe effeithiodd y ddwy ddamwain arno'n fawr yn seicolegol.

Mantais fawr gweithio yn y garej oedd y cyfle ro'n i'n ei gael i ymarfer gyrru ceir. Bob dydd byddai angen symud ceir o un man i'r llall ac fe gawn dragwyddol heol i wneud hynny. Yn raddol hefyd daeth William John yn fwy parod i mi gael gwersi yn ei gar e. Doedd e ddim yn athro da er mai gyrrwr bysus oedd e. Cyn hynny roedd e wedi bod yn dofi ceffylau i Moses Griffiths, y cenedlaetholwr mawr o Gwmystwyth. Doedd ganddo fawr o amynedd ac os gwnawn i gamgymeriad byddai'n gweiddi a bytheirio. Mewn gwirionedd roedd ei ofn arna i, er mai rhyw fath o barchedig ofn oedd e. Mae'n bosibl iddo wneud mwy o ddrwg nag o les i mi.

Ambell fore dydd Sul fe gawn fynd allan yn ei gwmni am dro gyda'i gŵn. Roedd ganddo filgi a chorfilgwn ac fe fydde fe'n eu hyfforddi i ddal cwningod ac i rasio. Yn y nos bydde fe'n mynd allan i ddal cwningod gyda'i gyfaill Jac Edwards gan ddefnyddio lamp gref i'w dallu er mwyn i'r cŵn wedyn allu eu cipio. Fe fyddai'n gwerthu'r cwningod i Mr Simpkins y bwtsiwr yn Aberystwyth. Byddai'n dal dwsin neu bymtheg o gwningod yn hawdd bob tro yr âi allan, tua theirgwaith bob wythnos.

Un bore a finne heb godi rwy'n cofio rhyw gyffro mawr y tu allan. Roedd yna ffermwr lleol yn gwrthwynebu i William fynd ar ei dir i hela ac roedd hwnnw wedi rhoi gwenwyn mewn wy a'i adael ar un o'r caeau. Fe fwytodd un o'r corfilgwn yr wy a marw o effaith y gwenwyn. Roedd William yn gandryll.

Fe wnes i sefyll fy mhrawf gyrru ym Machynlleth yng nghar Morris Minor William John. Er mor gyfarwydd oeddwn i erbyn hynny â gyrru fe fethais i'r tro cyntaf. Yn ôl yr arholwr fe wnes i yrru'n rhy gyflym. Fe fu hynny'n fai arnaf erioed. Rwy'n rhyw deimlo bod yr arholwr yn benderfynol o beidio caniatáu i mi basio ac iddo bigo ar y bai lleiaf fedre fe. Hwyrach i mi ddangos gormod o hyder a bod yr arholwr am ddysgu gwers i fi. Am unwaith, ches i ddim pregeth gan William am fethu. Mae gen i deimlad ei fod e'n ddigon hapus am hynny. Fe fydde fe'n pregethu bob amser fy mod i'n gyrru'n rhy gyflym. Ond fe wnes i basio'r eildro.

Ar ôl pasio, roedd yn rhaid cael car. A chwarae teg i William John, ces fenthyg ei gar yntau nes i mi gael un fy hunan. Fe wnaeth y rhyddid newydd yma newid fy mywyd i. Roedd gen i ffrindiau agos ym Mhontrhydfendigaid a Ffair Rhos ac yn yr ardal honno y byddwn i'n byw a bod wedyn. Ac yno y gwnes i ganfod dau gariad fy mywyd – fy narpar wraig a Chlwb Pêl-droed y Bont.

Cyn hir ces fy newis i chwarae yn nhîm y Bont yng Nghynghrair Aberystwyth a'r Cylch. Dim ond un gêm wirioneddol gystadleuol o'n i wedi ei chwarae cyn hynny, sef honno i'r YMCA pan o'n i'n un ar bymtheg oed. Un dydd Sadwrn roedden nhw'n brin o chwaraewyr ac fe ofynnodd Bill Ryan i mi chwarae. Fe wyddwn i na fyddai Mam yn fodlon – roedd hi'n dal i ofidio am gyflwr fy nghoes – felly fe wnes i gerdded y pum milltir i Aber ar y slei i chwarae ac yna cerdded adre. Roedd arna i gymaint o ofn cael niwed dydw i ddim yn meddwl i mi gyffwrdd â'r bêl drwy'r gêm. Doedd gen i ddim profiad o chwarae gêm heb sôn am gêm lawn. Dyna pryd wnes i sylweddoli nad oedd hi'n gêm mor hawdd i'w chwarae ag y tybiais.

Mae fy nyled yn fawr i William John am roi hwb sylweddol i fy hoffter o bêl-droed yn ifanc iawn. Fe fydden ni'n gwrando ar gemau ar y radio gyda'n gilydd yn rheolaidd. Rwy'n cofio'n dda y gêm gyntaf welais i ar deledu, sef Blackpool yn erbyn Bolton Wanderers – gêm fawr Stanley Matthews yn Wembley yn 1953. Fe fyddai William yn mynd â fi'n rheolaidd i weld Aberystwyth yn chwarae ar Goedlan y Parc.

Un tro roedd Aber yn chwarae gêm gyda'r nos ond roedd gen i ddant tost. Yr unig ffordd gawn i fynd i'r gêm oedd galw ar y ffordd gyda T E Nicholas, neu Niclas y Glais, yn ei feddygfa yng Nglasynys ger y fynedfa i Blascrug. Roedd Niclas yn cael ei ystyried yn fwy o fwtsiwr nag o ddeintydd, ond mynd wnes i. Anghofia i byth mo'r profiad – ei chwaer yn gorfod fy nal i lawr a Niclas yn gwthio'i bengliniau yn erbyn fy mol a thynnu. Fe fu'r boen yn ddirdynnol ond roedd e'n werth y dolur er mwyn cael gweld y gêm. Roedd ofn doctor arna i cyn hynny, am resymau amlwg. Ond o'r noson honno ymlaen roedd ofn deintydd arna i hefyd.

Hon oedd oes aur Clwb Pêl-droed Aber. Roedd gan y clwb dri thîm ac roedd y tîm cyntaf yn chwarae yng Nghynghrair De Cymru. Ar adegau fe fyddai tua thair neu bedair mil yn eu gwylio. Fe fyddai William John yn mynd â fi yno awr cyn y gic gyntaf, cyn i drwch y dorf gyrraedd. Fe fydde fe'n fy ngosod i sefyll y tu ôl i'r pumed postyn o ganol y gôl oedd â'i chefn at iard Crosville. Fe fydde fe'n gwylio'r gêm o lawr uchaf un o'r bysus deulawr yn yr iard. Yn aml fe fyddai ar alwad ar gyfer shifft, felly roedd e'n medru dilyn y chwarae o'i fan gwaith.

Dyma gyfnod Gordon a Mal Rees a Wynne Hughes wedyn. Roedd Gordon, yn arbennig, yn arwr. Roedd e'n ddewin ar yr asgell dde ac wedi cael prawf gan Arsenal. Ond roedd e'n cael mwy o arian gan Aber nag y byddai'n ei gael gan Arsenal. Rwy'n cofio Gordon yn dweud wrtha i unwaith, pan oedd Derek Tapscott gydag Arsenal a Gordon gydag Aber, ei fod e'n ennill cyflog uwch na Tapscott. Arwr arall oedd Ken Williams o Lanelli a chwaraeai fel ymosodwr.

Rwy'n cofio'n dda hefyd am Alan Blair yn chwarae ei gêm gyntaf i'r clwb yn erbyn Casnewydd yn 1959; Glyn Williams wedyn, oedd wedi chwarae dros Gaerdydd; ac Orig Williams, wrth gwrs, oedd yn chwedlonol yn ei safle fel cefnwr de. Fe oedd yn gwisgo'r siorts byrraf o bawb. Chwaraewyr da oedd y brodyr Griffiths o Aberaeron hefyd – Gordon yn ymosodwr peryglus a Stuart yn y gôl. Gan mai y tu ôl i'r gôl fyddwn i bob amser, fe ddes i adnabod Stuart yn dda. Un dydd Sadwrn fe ges i fynd gydag e i weld y stafelloedd newid. Roedd hwn yn gyfle i gwrdd â fy arwyr yn y cnawd a chymysgu â nhw dros baned o de.

Un tro fe aeth William John â fi i lawr i gêm ryngwladol yng Nghaerdydd. Wnaeth y glaw ddim peidio â disgyn gydol y daith o Aberystwyth. Roedden ni ar y maes am hanner dydd ar gyfer gêm oedd i fod cychwyn am dri. Fe aethon ni i lawr yn gynnar iawn gan fod Aber yn chwarae yn erbyn Lovells Athletic yn y bore. Yna fe aethon ni ymlaen i Barc Ninian. Roedd dros 63,000 yn gwylio'r gêm honno. Dyma gyfnod John Charles.

Sgoriwr y gôl ryngwladol gyntaf erioed i mi ei gweld yn fyw oedd Graham Moore yn erbyn Lloegr. Fe sgoriodd Jimmy Greaves gôl i'r Saeson yn y tair munud gyntaf. Rwy'n cofio hefyd mynd i weld Cymru yn chwarae yn erbyn Lloegr a Moore yn sgorio eto. Fe lwyddodd i wthio'r bêl i'r rhwyd rhwng coesau Hodgkinson oedd yn y gôl dros Loegr. Roedd Johnny Haynes a Brian Clough, dau o ffigyrau chwedlonol y gêm, yn chwarae dros Loegr ar y pryd. Roedd Ivor Allchurch, Cliff Jones a Terry Medwin hefyd yn chwarae. Wna i fyth anghofio'r diwrnod hwnnw.

Fe dyfodd pêl-droed yn grefydd i mi. Doedd gen i ddim hoff dîm yng Nghynghrair Lloegr. Aber oedd yr unig dîm i mi. Pan âi William John â fi yno, fedrwn i ddim credu fy mod i'n medru gweld y chwaraewyr mor agos.

Rheolwr y tîm oedd Bryn Davies. Dod i mewn â chwaraewyr wnâi Bryn gan mwyaf. Fe gadwai siop chwaraeon ar waelod Heol y Wig ac yno y byddai'r man cyfarfod i bawb â diddordeb yn y gêm. Go brin i mi feddwl bryd hynny y byddwn un dydd yn berchen ar y siop honno.

Er mai yng Nghapel Seion y ganwyd fi, un o fois y Bont fyddaf i am byth. Ar ôl cwrdd â Gret a chael fy nerbyn gan fois y Bont y ces i'r ymdeimlad o berthyn am y tro cyntaf erioed. Fy unig wir gysylltiad â'r lle yw i mi briodi merch o'r fro honno a chael y fraint o chwarae dros y clwb pêl-droed lleol. Ond petai chi'n fy hollti'n ddau, fe welech chi'r gair 'BONT' wedi ei ysgrifennu y tu mewn i mi fel llythrennau mewn roc.

Y cyswllt cyntaf, a'r pwysicaf, rhyngof fi a'r Bont oedd Lloyd Thomas. Roedd Lloyd, o Fwlch-y-gwynt, Ffair Rhos – lle ganwyd y Prifardd W J Gruffydd – yn gweithio yn garej Lucas, y cwmni partiau trydanol i geir wrth ymyl pont Trefechan, ers iddo adael yr ysgol. Roedd Lloyd yn ddyn cymdeithasol iawn a phawb yn ei adnabod. Roedd e'n gapten tîm dartiau'r fro ac yn asgwrn cefn Clwb Pêl-droed y Bont. Gellir priodoli parhad clwb y Bont, a gychwynnwyd yn 1947, i Lloyd a'i gyfaill, Ken Jones.

Ar un adeg bu'r tîm dartiau'n cwrdd i chwarae yn nhafarn yr Halfway yng Nghapel Seion ac roedd fy nhad biolegol yn ffrind mawr i Lloyd ac yn aelod o'r tîm dartiau hwnnw. Cysylltiad y ceir ddaeth â ni at ein gilydd gyntaf. Roedd llawer o fynd a dod rhwng Nelson's a Lucas ac fe ddes i a Lloyd yn gyfeillion mawr.

Ro'n i'n ffrindiau mawr hefyd â bachan o Bontarfynach, Mike Akehurst, oedd yn adnabod merched y Bont yn sgil mynychu dawnsfeydd. Un o'r merched hynny oedd Gret neu Greta Lloyd.

Fe wnes i gwrdd â Gret, felly, mewn dawns Ffermwyr Ifanc. Roedd Gret yn ferch i Wil Lloyd, perchennog garej Glanteifi yn y pentref. Roedd e a'i briod, Magi, yn bobl barchus iawn yn y fro. Byddai Magi yn chwarae rhan bwysig yng nghapel Rhydfendigaid lle bu ei rhieni, James a Lisa Williams, yn aelodau blaenllaw. Roedd James Williams yn ben blaenor yno.

Roedd Wil, fel finne, wedi ffoli ar bêl-droed a'i fab – Wil yw yntau – yn bêl-droediwr tra addawol. Fe aeth ymlaen i ennill cap ieuenctid dros Gymru. Felly, rhwng pêl-droed a Gret medrwn ladd dau dderyn ag un ergyd. Fe fyddwn i'n gyrru i'r Bont bob nos yn syth o'r gwaith, bron iawn. Ac os byddai'r tywydd yn caniatáu byddai hyd at ugain ohonon ni, yn ein dillad a'n sgidiau bob dydd, yn cicio pêl – a chicio'n gilydd

– ar y darn tir lle mae neuadd y pentref nawr. Yn aml, fe fyddwn i'n cwrdd â Gret yn llaid o fy mhen i fy nhraed. Os mai Gret oedd fy nghariad cyntaf, fy ail gariad oedd cael cicio pêl gyda bois y Bont.

Roedd y llain yn union o flaen garej Wil Lloyd felly roedd y ddau atyniad o fewn ugain llath i'w gilydd. Roedd y miliwnydd Syr David James eisoes wedi dechre datblygu adnoddau hamdden yn y pentref. Roedd Parc Pantyfedwen, lle'r oedd tîm y Bont yn chwarae, wedi ei greu o ddau gae wedi eu lefelu. Codwyd canolfan â dau fwrdd snwcer ac roedd neuadd bentref newydd ar y ffordd, a fyddai'n sefyll ar ran o'r llain lle'r oedden ni'n ymarfer, a byddai'r pafiliwn mawr i ddilyn. Codwyd hefyd stafelloedd newid i'r clwb pêl-droed sydd gyda'r goreuon yn y sir o hyd.

Yn ogystal â wynebu'r llain ymarfer, roedd garej Wil Lloyd hefyd yn fan cyfarfod. Byddai yna griw yn crynhoi yno i sgwrsio am hyn a'r llall, yn bennaf am bêl-droed. Roedd Wil yn aelod o bwyllgor tîm gwreiddiol y Bont nôl yn 1947. Pan ddechreuais i alw'n rheolaidd, fe fyddai Wil yn edrych arna i braidd yn amheus ac yn holi hwn a'r llall, 'Pwy yw hwn 'te? Mae e'n byw ac yn bod yma.' Oedd, roedd e wedi amau o'r dechre bod fy llygad ar ei ferch.

Roedd Gret yn aelod ffyddlon o Glwb Ffermwyr Ifanc Ystrad Fflur, yn aelod o gwmni drama'r clwb ac o'r tîm siarad cyhoeddus hefyd. Roedd gweithgareddau'r Ffermwyr Ifanc felly'n fannau cyfleus i ni gwrdd. Roedd Gret yn gweithio yn un o swyddfeydd y Cyngor Sir yn Aber ar y pryd ond yn helpu llawer hefyd gyda chownts y garej. Ond mas yn chwarae pêl-droed fyddai Wil ei brawd. Roedd ei rhieni braidd yn wyliadwrus o Gret os byddai llanc ifanc yn dangos diddordeb ynddi. Ond fe gâi Wil, ar y llaw arall, dragwyddol heol i wneud unrhyw beth. Mae yna duedd i rieni fod yn fwy gofalus o'u merched na'u meibion. Ro'n i yr un fath yn union yn achos Gari a Ffion, fy mhlant inne.

Mae llawer o bêl-droedwyr da wedi dod o'r Bont, ond Wil oedd y mwyaf dawnus ohonyn nhw i gyd. Rwy'n meddwl y byddai Wil, petai e wedi ei eni yn Llundain, Caerdydd neu Lerpwl, wedi mynd ymlaen i chwarae i un o brif dimau Cynghrair Lloegr. Roedd y seicoleg o fod yn fachgen o'r wlad yn andwyol iddo. Roedd ganddo'r ddawn ryfeddaf. Roedd e'n gweld ymlaen, yn gweld ymhellach na phawb arall. Nid gweld y symudiad nesaf wnâi e ond gweld y symudiad fyddai'n dod ar ôl hwnnw.

Ro'n i'n chwarae gyda'r criw bob nos, mae'n wir, ond fi fyddai'r cyntaf i gydnabod fy mod, chwedl Lloyd, fel rhech. Roedd yr awydd i chwarae'n llawer cryfach na'r gallu. Ond ro'n i'n benderfynol fy mod i'n mynd i chwarae dros dîm y Bont.

O'r diwedd fe ddaeth y cyfle yn 1961. Dydw i ddim yn cofio yn erbyn pa dîm wnes i chwarae gyntaf. Ond rwy'n cofio bod ar ddihun am nosweithiau cyn hynny. Fe wnes i chwarae ac ro'n i'n dal fel rhech. Doeddwn i ddim yn gyfarwydd â chwarae ar lain maint llawn a doeddwn i ddim wedi arfer chwarae am awr a hanner. Ond o dipyn i beth fe wnes i wella a dod yn rhan o'r tîm. Yn wir, er mai fi sy'n dweud hynny, fe ddes i'n rhan allweddol o'r tîm a chael y fraint o fod yn gapten am ddau dymor. Erbyn hyn ro'n i wedi magu hyder ac yn dueddol o weiddi ar fy nghyd-chwaraewyr. Teimlwn ei bod hi'n fraint cael bod yn gapten am ddau dymor yn olynol gan mai'r drefn oedd newid capten bob tymor. Dyma'r math o hyder wnaeth fy arwain yn ddiweddarach i fod yn rheolwr. Ro'n i wrth fy modd yn arwain.

Un peth a hoffais am ardal y Bont o'r dechre oedd natur glòs a chynnes y bobl. Yng Nghapel Seion dim ond dau neu dri o ffrindiau oedd gen i. Nawr ro'n i'n un o ddeg i bymtheg. Ond dyn dŵad o'n i ac roedd hi'n anodd iawn i mi gael fy lle o flaen un o'r bechgyn lleol. Un tro fe ddigwyddodd hynny ac fe ddewiswyd fi o flaen crwt lleol o'r enw Ronnie Evans. Ar y noson cyn y gêm ro'n i yn Eisteddfod Trisant pan gerddodd criw o fois y Bont i mewn. Dyma Ronnie, ar ganol cystadleuaeth, yn tynnu ei grys pêl-droed y Bont allan dan ei got a'i daflu ata i. 'Cymer!' medde fe, gan weiddi dros y capel. 'Stwffa fe lan dy din!'

Roedd rhyw elfen lwythol i dîm y Bont. Ni oedd tîm cryfaf cefn gwlad am gyfnod hir, felly ni oedd yn cynrychioli prif wrthwynebwyr bois y wlad i dimau Aberystwyth fel Penparcau a'r YMCA a thimau'r coleg. Yna fe ymddangosodd timau cryf eraill o'r wlad, yn arbennig Penrhyncoch a Dewi Stars o Landdewi Brefi. Roedd y gornestau yn erbyn rheiny yn debycach i ryfeloedd na gemau pêl-droed.

Ddes i ddim yn chwaraewr sefydlog tan fy ail dymor. Ar ôl cychwyn ar yr asgell fe ges i fy symud i ganol y cae, neu *wing half* yn y cyfnod hwnnw. Roedd gen i injan go dda erbyn hynny. Doedd problemau'r goes pan o'n i'n grwt ddim hyd yn oed yn dod i fy meddwl. Ro'n i'n taclo heb unrhyw ofn. Ar nos Wener fe fyddai rhai o'r bechgyn yn mynd am beint. Wnes i ddim o hynny erioed. Roedd bod â meddwl clir ar y cae y prynhawn wedyn yn bwysig i mi. Ond ar nos Sadwrn roedd hi'n stori wahanol.

Fe fues i'n ffodus cael chwarae mewn tîm oedd yn llawn chwaraewyr da. Fe fu'r brodyr Metcalfe, Wil a Dai, yn chwarae fel golwyr ac fe fu Dai hefyd yn amddiffynnwr da. Yn y cefn roedd Alan Davies, a enillodd gap ieuenctid dros Gymru, ac Arwyn Hughes, a ddylai fod wedi ennill cap hefyd. Hwyrach mai'r cefnwr ôl caletaf i chwarae dros y Bont erioed oedd Wil John Hughes. Rwy'n cofio chwarae yn ei erbyn unwaith ar gae Penparcau, a derbyn y tacl mwyaf mileinig a dderbyniais erioed. Ro'n i wedi bod allan am dymor yn dilyn anaf, ac allan fues i am gyfnod hir arall. Gyda'r Bont y cychwynnodd ei fab, Glyndwr, cyn iddo fynd ymlaen i chwarae yng Nghynghrair Cymru. Fi, pan o'n i'n rheolwr dros Aber, roiodd y cyfle cyntaf iddo yn y gynghrair uwch.

Yng nghanol yr amddiffyn yn fy nghyfnod i roedd chwaraewyr fel John Meredith a Ieuan Evans o Lanfarian. Yna dau frawd arall wedyn, Non a Ronnie Evans, y naill yn llawn sgiliau ond yn ddiog a'r llall yn taclo fel Jac Rysel. Fe ddaeth rhai o'r dre i chwarae dros y Bont. Un o'r goreuon oedd Geraint H Jenkins, sydd erbyn hyn yn hanesydd o fri; Brian Pugh Jones wedyn, cawr o amddiffynnwr; a Mike Evans, a fedrai hitio'r bêl yn galetach na neb arall a welais erioed.

Fe fuon ni'n ffodus hefyd i gael gwasanaeth rhai o fechgyn y coleg. Rwy'n cofio Charlie Fyance yn chwarae fel blaenymosodwr a John Webb, deinamo o chwaraewr a briododd â merch leol. Ond y ddau orau, heb amheuaeth, oedd Wil Lloyd, fy mrawd yng nghyfraith, a David Williams, neu Dias. Roedd y ddau'n gwbl wahanol – Wil yn ddriblwr medrus a

Dias yn llwynog yn y bocs. Fe sgoriodd Dias dros fil o gôl yn ystod ei yrfa cyn iddo gael ei drechu gan y cancr, Mae hon yn record na chaiff fyth ei thorri.

Rwy'n cofio Dias yn chwarae ei gêm gyntaf. Roedd e'n eistedd y tu allan i'r stafelloedd newid un prynhawn dydd Sadwrn pan ddeallon ni ein bod ni un chwaraewr yn brin. Roedd un o'r bechgyn wedi ei daro'n sâl ar y funud olaf. Pedair ar ddeg oed oedd Dias pan ddywedais i wrtho fe am fynd adre i nôl ei git pêl-droed. Fedrai e ddim credu'r peth. Ffwrdd ag e a chyn pen dim roedd e nôl. Fe sgoriodd e dair gôl. A Wil wedyn, roedd e'n chwarae yn nhîm Aber yn bedair ar ddeg oed. Pan ddes i'n rheolwr ar Aber roedd Dias yn dal i chwarae i dîm y dre.

Am Wil, fe allai fod wedi ymuno â Chaerdydd, ond wedi iddo fynd yno roedd arno ormod o hiraeth ac fe ddaeth adre. Rwy'n ei gofio'n chwarae dros dîm dan ddeunaw Cymru yn erbyn Gogledd Iwerddon. Yn chwarae dros Ogledd Iwerddon roedd George Best. Roedd Wil mor ddawnus fel iddo ennill ei gap ieuenctid a'i gap amatur yn yr un tymor, ac yntau dan ei ddeunaw oed.

Fe wnaethon ni'n dda yn ystod fy nghyfnod yn chwarae i'r Bont. Yn dilyn y llwyddiant hwnnw fe benderfynodd amryw symud ymlaen – rhai i Aber, eraill i Dywyn a thimau eraill yng Nghynghrair y Canolbarth. Dyna pryd, rwy'n meddwl, y dylai'r clwb fod wedi mynd i fyny i gynghrair uwch. Wnaethon nhw ddim ac fe gafwyd cyfnod llwm iawn. Oni bai am ymdrechion Lloyd a Ken bryd hynny dydw i ddim yn meddwl y byddai clwb yno heddiw.

Agwedd unigryw oedd yn perthyn i glwb y Bont oedd ei fod yn glwb Cymraeg. Er gwaethaf presenoldeb ambell un o'r coleg a'r dre, Cymraeg oedd iaith y chwarae ac iaith y cyfarfodydd pwyllgor a'r cofnodion. Fe gafodd Lloyd ei gyhuddo o regi un tro ac yntau'n rhedeg y lein. Ei amddiffyniad i Gymdeithas Bêl-droed Cymru oedd mai Cymraeg a siaradai ac nad oedd rhegfeydd Cymraeg yn bod!

Cawn fynd gyda bois y Bont i eisteddfodau a gyrfaoedd chwist ledled y sir a thu hwnt. Roedd bois y Bont yn chwedlonol. Roedden nhw'n enwog am eu heclan. Dic Davies, neu Dic Bach, fyddai'r prif ddyn. Fe fyddai ymryson yn aml rhwng Dic a'r arweinydd. Dic a enillai bob tro. Roedd gen i broblem gan fod mam Gret yn aml naill ai'n arwain eisteddfod neu'n beirniadu. Pan fyddai bois y Bont yn mynd drwy eu pethe fe fyddai gofyn i mi gadw fy mhen i lawr. Doedd Magi Lloyd ddim yn un i golli cyfle i enwi pobl fyddai'n cadw sŵn, a hynny o'r pulpud. Fe fyddai hyd yn oed Dic yn dawel os byddai hi yno. Yn y garej oedd e'n byw a bod. Roedd Dic yn anferth o foi, yn pwyso tuag ugain stôn. Fe fyddai'n gyrru'r criw i bobman yn hen Austin 16 Wil Lloyd. Fe fyddai Lloyd a Ken ymhlith y ffyddlonaf o'r criw, a phawb ohonyn nhw'n gefnogwyr brwd o'r tîm lleol.

Cilcennin fyddai un o'n hoff fannau. Yno, y ficer, y Parchedig John Lloyd Jones, fyddai'r MC pan gynhelid gyrfa chwist. Ac ar y diwedd byddai'n cynnal ocsiwn o'r bwyd fyddai ar ôl a byddai Dic yn helpu. Byddai'n gorfodi pobl i gynnig am gacen neu darten drwy roi twist i'w clustiau.

Roedd Dic hefyd yn un o gefnogwyr brwd y clwb pêl-droed. Bu'n llumanwr ac yn ymgeleddwr. O ddioddef anaf, fyddai neb ohonon ni'n gorwedd yn hir. Roedd ymgeledd Dic yn dueddol o waethygu yn hytrach na

gwella'r anaf. Dim ond unwaith chwaraeodd e dros y
Bont erioed. Yn erbyn ail dîm coleg Aber oedd y gêm
honno ac roedd Dic yn marcio myfyriwr cyflym iawn.
Am awr, wnaeth Dic ddim hyd yn oed cyffwrdd â'r
bêl. Cafodd lond bol ar hyn. Cydiodd yn y myfyriwr
chwim, ei dynnu i'r llawr ac eistedd arno. Bu bron
iawn â thorri asgwrn cefn y truan.

O dipyn i beth fe ges i fy nerbyn fel un o fois y Bont.
Roedd hyd yn oed bechgyn y dre yn fy ystyried i'n un
o fois y Bont. Wnes i ddim erioed eu cywiro. Cael fy
ystyried yn un o fois y Bont oedd y fraint fwyaf dan
haul.

3

FE BRIODODD GRET a finne yn 1964. Ar ôl yr amheuon
cyntaf roedd rhieni Gret yn gwbl hapus â'r sefyllfa.
Bu'r gwasanaeth yn Rhydfendigaid, capel y teulu. Yn
anffodus roedd y gweinidog, William Davies, i ffwrdd
ac fe gymerwyd y gwasanaeth gan Davies Salem.
Yn ogystal â bod yn weinidog roedd William Davies
hefyd yn ffrind teuluol. Wil, brawd Gret, oedd y gwas
priodas a fedre fe ddim aros i'r wledd ddod i ben yng
ngwesty'r Marine yn Aber achos fod ganddo gêm bêl-
droed yn ddiweddarach.

Fe dreulion ni'n mis mêl i fyny yn yr Alban. Ein
presant priodas oddi wrth fy rhieni yng nghyfraith
oedd car newydd, Hillman Imp. Fe yrron ni i fyny
i Glasgow ac yno fe aethon ni i weld yr Alban yn
chwarae yn erbyn Gwlad Pwyl yng Nghwpan y Byd.
Fe aethon ni wedyn i weld Hibernian yn chwarae yn
erbyn Celtic. Ar y ffordd adre fe aethon ni i wylio
Lerpwl yn chwarae yn erbyn rhywun neu'i gilydd ac
yna gyrru adre mewn pryd i mi chwarae dros y Bont ar
brynhawn dydd Sadwrn. Fe wyddai Gret ymhell cyn
i ni briodi y byddai'n weddw pêl-droed. Hyd yn oed o
fewn y teulu, deuai Gret yn ail i bêl-droed yn aml o ran
ei thad a'i brawd. Pan fyddai angen glanhau'r garej yn
wythnosol, Gret fyddai'n gwneud hynny tra byddai
Wil ei brawd yn chwarae a Wil ei thad yn gwylio.

Ein cartref cyntaf ni oedd fflat yn Heol y Bont yn
Aberystwyth. Yn fuan wedyn fe ges i swydd newydd.

Roedd hon eto yn yr un maes, ond swydd coler a thei oedd hi yn gwerthu tractorau i Aber Tractors, cwmni lleol oedd wedi ei sefydlu gan Gatty Lewis ger maes pêl-droed Aberystwyth, Coedlan y Parc. Roedd y cwmni'n arbenigo ar dractorau Massey Ferguson.

Un ddawn fu gen i erioed yw perswadio pobl i brynu rhywbeth, yn arbennig tocynnau raffl. I'r rhan fwyaf o bobl, mae gorfod gwerthu tocynnau raffl yn boen. Ond dros y blynyddoedd mae'n rhaid fy mod i wedi gwerthu miloedd ar filoedd dros wahanol achosion da, yn arbennig Clwb Pêl-droed y Bont. I mi, doedd yna fawr o wahaniaeth rhwng gwerthu tocyn raffl a gwerthu tractor. Yr un oedd yr egwyddor.

Ro'n i'n un o bedwar o werthwyr oedd yn derbyn cyflog penodol. Ond fe fyddwn i hefyd yn cael comisiwn am bob tractor a werthwn. Roedd hyn yn golygu codiad sylweddol yn yr hyn y medrwn i ei ennill. Ar adegau fe fyddwn i'n mynd adre â phedwar ugain punt yr wythnos. Gyda Gret yn dal i weithio hefyd fe ddaeth bywyd yn llawer esmwythach.

Roedd fy ardal i'n cynnwys y rhan helaethaf o Geredigion. O blith y pedwar gwerthwr, mae'n rhaid mai gen i oedd yr ardal orau. Eto i gyd, o fewn ardal gymharol fechan, roedd yna amrywiaeth mawr. Ar lawr gwlad o gwmpas Tregaron byddai siawns go dda i werthu tractorau newydd. Ond ar y tir mynyddig, ym Mhenuwch a Bethania, tractorau ail-law, y Ffyrgi bach yn arbennig, fyddai'n gwerthu orau. Fe fydden ni'n cymryd tractorau ail-law i mewn a'u hadfer nhw.

Mae yna seicoleg mewn gwerthu i ffermwyr, yn enwedig ffermwyr Sir Aberteifi. Un bore fe wnes i werthu dim llai na phump tractor newydd. Roedd tractor newydd cyffredin yr adeg honno yn costio tua phum can punt. Ond roedd yna grant tuag at hynny gan lywodraeth y dydd o bymtheg y cant, a hwnnw fyddai'n troi'r fantol.

Bryd hynny roedd marchnad bob dydd Mawrth yn Llambed a Thregaron am yn ail. Ar fy ffordd i lawr i farchnad Llambed oeddwn i ar y bore arbennig hwn pan werthais i bump tractor cyn cinio. Doedd neb o'r cwmni erioed wedi gwneud y fath beth o'r blaen.

Ar y bore hwn ro'n i wedi trefnu i gyfarfod ag Elwyn Green oedd yn ffermio yn Llanio, gyda'r bwriad o werthu tractor iddo. Roedd e'n chwarae pêl-droed dros Dewi Stars a'r ddau ohonon ni'n ffrindiau mawr. Ond fe fues i mor brysur yn gwerthu pump tractor nes i mi fethu cwrdd ag e. Fe bwdodd Elwyn a phrynodd dractor David Brown, un mawr gwyn. Ond nid dyna ddiwedd y stori. Er bod Elwyn wedi digio, fe lwyddais i'w berswadio'n ddiweddarach i werthu'r David Brown i mi am y pris y gwnaeth e dalu amdano a phrynu Massey Ferguson newydd. Ar fy ffordd adre fe werthais y David Brown i fferm ym Mhontrhydfendigaid.

Fedrwn i ddim cael talcen caletach na cheisio gwerthu tractorau i ffermwyr Sir Aberteifi. Roedd Dic Jones yn arfer dweud mai'r Cardi oedd yr unig un allai brynu oddi wrth Albanwr a gwerthu i Iddew gan wneud elw. Weithiau fe fyddwn i wrthi drwy'r dydd yn ceisio perswadio ffermwr i brynu. Nid sgwrsio am brynu tractor yn unig fyddai disgwyl i mi ei wneud. Ro'n i fel doctor neu reolwr banc i'r ffermwr. Fe fyddai'n arllwys ei ofidiau gyda'i filiau ar fwrdd y gegin. Roedd e'n falch cael rhywun yno y medre fwrw ei gŵyn wrtho.

Ond gwendid y Cardi – ac rwy'n un ohonyn nhw – yw ei fod yn eiddigeddus iawn. Os yw cymydog yn cael rhywbeth newydd, rhaid iddo yntau gael rhywbeth tebyg. Felly, petawn i'n cael archeb am dractor newydd gan ffermwr, fe fyddwn i wedyn yn galw yn y fferm nesaf a dweud wrth y ffermwr hwnnw fod ei gymydog wedi archebu tractor newydd. Ar ôl trafodaeth hir, fe fyddai hwnnw wedyn yn archebu tractor. Roedd angen chwarae un yn erbyn y llall, rhywbeth sy'n gelfyddyd. Mae hi'n ddawn sydd naill ai gyda chi neu dyw hi ddim.

Un peth fyddwn i'n ei wneud weithiau pan fyddai arwerthiant fferm fyddai bidio, ar ofyn y ffermwr, am dractor neu beiriant arall. Byddai'r lleill wedyn yn credu bod y pris yn ddigon isel i mi ei brynu a'i ailwerthu. Drwy wneud hynny fe fyddwn i'n gwthio'r pris i fyny ar ran y ffermwr. Fe fyddai'r arwerthwr, wrth gwrs, yn deall yn iawn beth oedd yn digwydd. Fe fyddai hyn yn aml yn werth rhyw gildwrn bach i mi – degpunt, neu hyd yn oed fwy. Dim ond paned gawn i gan ambell un arall, a'r te heb siwgwr.

Yr unig anhawster oedd y byddai'r arwerthiannau hyn yn digwydd yn aml ar ddydd Sadwrn, a finne'n ysu am fynd nôl i chwarae pêl-droed. Problem arall fyddai galw yn y dafarn ar ddiwrnod mart. Fe fyddai pob ffermwr oedd wedi gwneud busnes â fi yn disgwyl peint neu wisgi – sawl un! Roedd hyn yn gweithio ddwy ffordd. Os teimlai ffermwr iddo gael bargen, fyddai fy ngwydr i byth yn wag. Doedd y bag anadlu ddim yn bod bryd hynny, ond roedd e'n dal yn fater peryglus. A phetawn i'n colli fy nhrwydded, dyna ddiwedd ar y swydd. Ond yn aml, rhyw yrru adre ag un llygad ynghau oedd hi.

Fe wnes i weithio i Aber Tractors am bum mlynedd, ac fe wnes i fwynhau fy hunan. Rwy wedi bod yn fachan cymdeithasol erioed, yn hoffi pobl. Hwyrach i mi etifeddu hynny oddi wrth fy llystad. Roedd y busnes o brynu ar hurbwrcas wedi dod yn boblogaidd. Ond roedd ffermwyr yn bobl falch iawn. Doedd prynu heddiw a thalu yfory ddim yn rhan o'u ffordd o fyw. Roedd hi'n athroniaeth iach iawn sy'n cael ei chrynhoi yn yr hen ddywediad hwnnw, 'Os na fedri di fforddio mynd, paid â mynd.' Pan fyddai prynu ar hurbwrcas yn digwydd, roedd gofyn bod yn garcus. Fe fyddwn i'n gorfod esbonio wrth ambell un nad oedd dim byd o'i le mewn talu ar HP. Ac fe fyddwn i'n enwi ambell un oedd yn gwneud hynny. Fe fyddai hynny'n codi pwysau trwm oddi ar eu hysgwyddau ac fe fydden nhw'n prynu. Mewn un achos, wrth esbonio i'r ffermwr a'i gynorthwyo i lenwi'r ffurflenni, fe wnes i werthu tractor, trelyr, byrnwr a gwasgarwr dom gyda'i gilydd.

Apêl fwyaf y swydd hon i mi oedd y rhyddid. Unwaith y byddwn i allan ar y ffordd fawr, fy mywyd i fyddai e wedyn. O gael bore llwyddiannus, fe fedrwn i fynd adre gan wybod fy mod i'n iawn am weddill y dydd. Roedd car gwaith gen i hefyd, Triumph Herald, felly doedd dim traul o gwbl ar fy nghar i. Ar un adeg roedd cryn waith yn digwydd ar Lynnoedd Teifi ar gyfer cyflenwi dŵr i'r sir gyfan. Roedd lorïau mawr ar y ffyrdd yn ddyddiol ac un dydd, ger Dolfawr, fe aeth lori i mewn i mi'n blet. Doedd Gatty Lewis ddim yn bles iawn. Roedd e'n credu fy mod i, hwyrach, yn teithio'n rhy gyflym. Y bore wedyn fe es i allan gydag e yn ei gar ei hun i ddangos lleoliad y ddamwain iddo. Yn yr union fan ag y dioddefais i'r ddamwain, fe hitiodd lori arall gar Gatty. Fe gytunodd wedyn nad arna i oedd y bai.

Yn y cyfamser ro'n i'n dal i chwarae pêl-droed dros y Bont ac yn mynd gyda'r criw pryd bynnag y byddai gêm fawr ryngwladol. Rwy'n cofio mynd yn bedwar yn y Morris Minor i wylio Lloegr yn erbyn yr Alban. Fi oedd yn gyrru a Wil John Morgan, Wil Lloyd a Non Evans, neu Pecs fel y câi ei alw, gyda fi. Fe aethon ni ar goll a ffeindio ein hunain yn Llandrindod. Fe aeth Pecs allan i edrych ar arwydd ffordd. Doedd e ddim callach pan ddaeth e nôl. 'Wela i ddim sôn am enw Llunden,' medde fe. Fe wnaethon ni, trwy ryw ryfedd wyrth, gyrraedd stadiwm Wembley. Ond welodd Pecs yr un gic. Fe gysgodd drwy'r gêm.

Bryd arall, yn 1966, fe aeth Lloyd Thomas a finne lan i Wembley i weld Muhammad Ali yn ymladd yn erbyn Henry Cooper. Roedd ein seddi ni yng nghefn un o'r eisteddleoedd a fedren ni weld dim. Yn araf fe symudon ni ymlaen drwy'r dorf nes ein bod ar y llain. Yna ymlaen â ni eto nes ein bod wrth ymyl lloc y byddigions. Yn nhrydedd res y sgwâr bocsio roedd dwy sedd wag. Fe eisteddodd Lloyd a finne arnyn nhw. O fewn munudau dyma ddeiliaid y seddi'n dod nôl o'r bar. Pwy oedden nhw ond Jimmy Edwards a Frank Muir. Fe wrthododd Lloyd a finne godi ac fe wylion ni'r ffeit gyfan o seddi'r ddau ŵr enwog. Roedden ni o fewn pymtheg llath i'r sgwâr. Fe welson ni hyfforddwr Ali yn rhwygo un o fenig y pencampwr bant er mwyn rhoi amser iddo ddod ato'i hun wedi i Cooper ei lorio.

Ar y ffordd adre roedd cymaint o eisiau bwyd arnon ni nes i ni stopio ger Henffordd a mynd dros y clawdd i ddwyn 'falau o berllan. Fe welodd y ffermwr ni a bu'n rhaid i ni ddianc. Roedden ni nôl yn Aber am saith yn bwyta brecwast yng nghantîn Crosville, lle'r oedd pawb yn siarad am y ffeit ac yn gwrthod credu bod Lloyd a finne yno. Ac yna, ar ôl brecwast, bant â ni i'n gwaith.

Ar ôl pum mlynedd gydag Aber Tractors fe symudais i swydd newydd a gwahanol. Roedd swydd wag yn Llyfrgell Ceredigion yn y pencadlys yn Aberystwyth. Ro'n i awydd cael swydd sefydlog ac un ble medrwn ddringo'n uwch. Roedd swyddi oedd yn perthyn i'r Cyngor Sir yn rhai cymharol ddiogel bryd hynny.

Yn y cyfamser roedd Gret a finne wedi symud i fflat arall yn Northgate. Roedd fy rhieni yng nghyfraith yn byw mewn tŷ yn Norton Terrace yn wynebu caeau chwarae'r coleg. Wedi marw fy nhad yng nghyfraith ychydig wedyn fe brynon ni dŷ'r teulu.

Beth bynnag, fe wnes i gynnig am y swydd, sef llyfrgellydd cynorthwyol. A finne'n dod o gefndir dosbarth gweithiol, do'n i ddim yn teimlo'n hyderus iawn y cawn i'r swydd. Ond mae'n bosibl fod y geirda ges i wedi bod yn help mawr. Ymhlith prif gwsmeriaid Nelson's pan o'n i'n gweithio yno roedd T I Ellis. Roedd T I Ellis yn enwog drwy Gymru fel sylfaenydd Undeb Cymru Fydd. Roedd e'n ddyn dylanwadol iawn a'i enw'n cario llawer o bwysau. Bu ei fab, Rolant, yn un o hoelion wyth Clwb Pêl-droed Aberystwyth ar hyd y blynyddoedd a fe, hyd yn ddiweddar, oedd ysgrifennydd Cynghrair Bêl-droed Aberystwyth a'r Cylch. Roedd T I Ellis yn byw wrth ymyl y garej a fi fyddai'n gofalu am ei gar, ac fe gytunodd i ddarparu llythyr geirda i mi. Mae'n siŵr iddo fod yn help mawr i mi. Fe ges i gyfweliad o flaen cynghorwyr Ceredigion gyda'r Cynghorydd R J Ellis yn y gadair. Doedd Dic

Ellis ddim yn perthyn i T I Ellis ond fe oedd brenin y Cyngor. Ei air e fyddai'n rheoli bob amser. Mae'n rhaid iddo fod o 'mhlaid neu fyddwn i byth wedi cael y swydd.

Roedd y llyfrgell yn yr union fan ag y mae hi heddiw. Y gorchwylion cyntaf ges i oedd gosod llyfrau oedd wedi eu dychwelyd yn ôl ar y silffoedd yn y mannau iawn. Roedd hon yn swydd gwbl wahanol gydag oriau gosod o naw hyd hanner awr wedi pump. Ynghlwm â'r swydd roedd cwrs llyfrgellyddol rhan-amser dan adain y coleg addysg bellach.

Y Llyfrgellydd, wrth gwrs, oedd Alun R Edwards, arloeswr mawr ym myd llyfrgelliaeth. Mae ei lwyddiannau'n ddi-rif. Fe gychwynnodd lyfrgelloedd teithiol i hybu deunydd clyweled, a sefydlu Coleg Llyfrgellwyr Cymru. Roedd e'n ddyn egwyddorol a byddai pob diwrnod yn cychwyn gyda gwasanaeth crefyddol. Fe wnaethon ni anghytuno ar natur y gwasanaethau hynny. Byddai'n gofyn bob amser i'r gweithwyr uwch ddarllen yn y gwasanaeth. Châi gweithwyr cyffredin fel fi ddim cymryd rhan. Fe ddechreuais i gadw draw o'r gwasanaethau ac fe wnes i esbonio pam. Teimlo oeddwn i nad oedd pawb yn ddigon da i ddarllen o'r ysgrythur. Rhaid oedd bod yn un o'r detholedig rai i gymryd rhan. Y gwir amdani yw fod y mwyafrif helaeth yn mynychu'r gwasanaethau hyn er mwyn plesio Alun R Edwards yn hytrach na gwneud hynny o ran egwyddor.

Ymhlith y staff roedd yna rai oedd yn dilyn pêl-droed. Roedd Glyn Lewis Jones, a olynodd Alun R Edwards, yn gefnogwr Aber brwd. Ond y cymeriad mwyaf oedd Mrs Anne Evans a weithiai y tu ôl i'r ddesg. Arsenal oedd ei bywyd hi. Bob bore dydd

Sadwrn, pa liwiau bynnag fyddai Arsenal yn eu gwisgo'r pnawn hwnnw – coch a gwyn neu las a melyn – byddai'n llenwi'r silffoedd â llyfrau o'r lliwiau cyfatebol. Am dri o'r gloch byddai'n croesi bysedd un llaw ac yn canu 'Anchors Aweigh', cân Arsenal ar y pryd. Ac ni wnâi ddatglymu ei bysedd tan ychydig cyn pump o'r gloch pan ddeuai'r gêm i ben.

Yn wir, fe gychwynnais i dîm pêl-droed yn y llyfrgell. Roedd unrhyw un a fedrai gerdded yn cael chwarae. Fe fu Glyn Lewis Jones o gymorth mawr. Os byddai gêm gen i ar bnawn Sadwrn a finne ar y rhestr i weithio, medrai Glyn drefnu pethe fel y gallwn i chwarae.

Dirprwy Alun R Edwards bryd hynny oedd John Timothy Richards o ardal Llangeitho, gŵr annwyl iawn. Bu farw'n ddyn ifanc – colled fawr i'r llyfrgell ac yn arbennig i'w deulu. Doedd gan John yr un gelyn yn y byd. Doedd dim ffafriaeth gan John. Iddo fe, roedd pawb ar yr un lefel.

Cyn hir fe symudwyd fi i weithio ar un o'r faniau teithiol. Roedd Vincent Davies o Aberaeron yn mynd o gwmpas y pentrefi gyda'r fan fawr. Yna fe ddechreuodd faniau llai fynd o gwmpas yr ardaloedd cefn gwlad gan alw mewn cartrefi a gyrru i glos ffermydd. Fi, ar y dechre, fyddai'n llenwi bwlch petai un o'r llyfrgellwyr teithiol hyn ar wyliau neu'n sâl. Doedd hyn ddim yn wahanol iawn i'r gwaith gydag Aber Tractors, sef galw o fferm i fferm a chael paned ymhob un. Rwy'n cofio galw ar un fferm a'r ffermwr bant yn y farchnad. Yn y tŷ roedd y wraig a'r gwas wrthi'n yfed potelaid o win cartref. Fe ges inne ddiferyn gyda nhw. Ac fe aeth hi'n sesh. Ond fe wyddwn i fod y gwas am gael gwared arna i er mwyn cael ei ffordd gyda'i feistres. Pan geisiais i godi i adael, fedrwn i ddim.

Yn ddiweddarach ces daith benodol i lawr yn ne'r sir am chwe mis. Yn yr haf doedd dim amser gyda'r ffermwyr i feddwl am ddewis llyfrau. Roedden nhw'n rhy brysur gyda'r cynhaeaf. Fe fyddwn i felly'n parcio'r fan o'r golwg y tu ôl i Lyfrgell y Cei Newydd a threulio'r prynhawn yn gorwedd yn yr haul ar y traeth.

Fe fyddwn i'n cyfarfod â phobl ddiddorol ar fy nhaith. Mae rhai'n dal i aros yn y cof. Dyna i chi fenyw yr o'n i'n ei hadnabod fel Mrs Williams oedd yn byw ger Penparc. Un dydd roedd hi'n llawn hwyl a finne'n gofyn pam oedd hi mor hapus. Atebodd hithau iddi glywed y bore hwnnw bod ei mab wedi cael ei ddewis i chwarae rygbi dros ysgolion Cymru. Pwy oedd hi ond mam Brynmor Williams. Fe fyddwn i hefyd yn galw'n rheolaidd unwaith y mis gyda Dic Jones. Jean ei wraig fyddai'n dewis y llyfrau a byddai'n dewis y mwyafrif o'r llyfrau i'r plant.

Yn raddol fe wnes i ddod i adnabod chwaeth pobl ac fe fyddwn i'n llwytho'r fan â'r math o lyfrau fyddai'n debyg o apelio atyn nhw. Yr awdur Cymraeg mwyaf poblogaidd o bell ffordd oedd T Llew Jones. Fe fyddwn i'n galw yn Ysgol Tregroes, lle'r oedd e'n brifathro, ac yn cael cinio yno gyda fe a'r athrawon eraill a'r plant. Fe fyddwn i a T Llew yn treulio'r awr ginio yn trafod chwaraeon. Roedd gweld T Llew yng nghanol ei ddisgyblion fel gweld tad yng nghanol ei blant.

Roedd dod i adnabod pobl fel T Llew yn siŵr o adael ei ôl ar rywun fel fi. Dyma'r math o bobl a wnaeth i mi fod yn genedlaetholwr. Fe fues i allan gydag Ainsleigh Davies droeon yn tynnu arwyddion ffyrdd. Yn wir, fe gafodd rhai ohonyn nhw eu cuddio y tu ôl i fy nghartref yn Norton Terrace. Fi gludodd rai ohonyn nhw i lawr yn y fan gydag Elwyn Ioan i'r achos cynllwynio yn Abertawe. Roedd yr heddlu cudd wedi'n dilyn ni i lawr i Abertawe. Fe aeth Elwyn a finne am frecwast cyn yr achos a dyna lle'r oedden nhw. Fe gawson ni'n holi ond fe gawson ni fynd.

Cofiaf am un fenter oedd yn ymwneud â Gwobr Churchill. Fel rhan o weithgareddau Llyfrgell y Sir fe ges i'r gwaith o drefnu Trên o Gân. Golygai hynny drefnu i drên lein fach Dyffryn Rheidol godi plant yma ac acw i ymuno â cherddorion ar hyd y lein. Ymhlith yr artistiaid roedd Dafydd Iwan. Fe ffilmiwyd y daith ar gyfer rhaglen deledu. Fe ges i flwyddyn yn rhydd o fy nyletswyddau arferol i adeiladu model o'r prosiect a llunio arwydd mawr i fynd ar flaen yr injan yn hysbysebu'r daith. Er i mi gael fy ngeni yn sain chwisl y trên bach, hwn oedd y tro cyntaf i mi fod arno erioed.

Un peth y medra i ei gofio'n dda yw y byddai pwnc adeiladu llyfrgell newydd yn codi ym mhob un cyfarfod. Roedd yr un yn Stryd y Gorfforaeth mor hen ffasiwn ac anaddas. Breuddwyd fawr Alun R Edwards oedd symud i adeilad pwrpasol newydd cyn iddo ymddeol. Heddiw, ddeugain mlynedd yn ddiweddarach, mae'r llyfrgell yn dal yno – er bod sôn o hyd am ei symud.

Er mor hapus oeddwn i yn y swydd, fe wyddwn mai dros dro y byddwn yn ei gwneud. Rwy'n un o'r rheiny sydd wedi gweld man gwyn fan draw gydol fy mywyd. Rywle yng nghefn fy meddwl, drwy'r cyfnodau yn Nelson's, gydag Aber Tractors ac yn y llyfrgell, roedd rhyw awydd i fynd i fusnes. Ac fe fyddwn i'n pori drwy lyfrau oedd yn delio â busnes. Un o fy ngorchwylion yn y llyfrgell fyddai cludo ymaith lyfrau oedd wedi dod i ddiwedd eu hoes ac oedd wedi eu clustnodi ar gyfer eu hailgylchu. Fe fyddwn i'n chwynnu drwyddyn nhw ac yn cadw unrhyw lyfr ar fusnes a allai fod o ddefnydd.

Un peth a fynnai godi ei ben yn fy meddwl byth a hefyd oedd llwyddiant y llyfrgelloedd teithiol. Gofynnwn i mi fy hun yn aml a fyddai modd gwneud yr un peth mewn busnes. Hynny yw, mynd â'r cynnyrch at y bobl. Wnes i ddim anghofio hynny ac yn nes ymlaen mewn bywyd fe wnes i addasu'r syniad i fy nibenion fy hunan.

Yn ystod cyfnod fy ngwaith llyfrgellyddol y daeth y digwyddiad mawr a newidiodd fy mywyd yn llwyr. Ro'n i wedi mynd mor bell ag ystyried gwerthu'r tŷ er mwyn ariannu menter neu fusnes. Ond doedd Gret ddim yn hapus am hynny. Ac fe fedrwn i ddeall pam. Fe wnes i holi Wil, fy mrawd yng nghyfraith, a fyddai ganddo fe ddiddordeb mewn mynd i fusnes. Ond na, roedd gan Wil yrfa o'i flaen fel athro. Roedd fy ngolygon ar brynu siop chwaraeon Bryn Davies yn Heol y Wig yn Aber. Fe fyddai hynny'n gryn risg gan ei bod hi'n anodd bryd hynny sicrhau hawlfraint cwmnïau mawr fel Dunlop a Slazenger, sef enwau blaenllaw'r cyfnod.

A finne mewn cyfyng-gyngor, ro'n i newydd gyrraedd adre un noson pan glywais gnoc ar y drws. Yn sefyll ar y trothwy roedd Prys Edwards. Roedd ganddo gynnig i'w wneud.

4

ROEDD PRYS EDWARDS a finne'n adnabod ein gilydd
eisoes. Fel aelod o staff Llyfrgell y Dref ac un oedd yn
ymwneud â phêl-droed, fe fyddwn i'n rhoi help llaw i
Aelwyd yr Urdd. Dyna sut y cwrddes i â Cath, gwraig
Prys, am y tro cyntaf achos roedd hi'n arweinydd
Clwb yr Urdd. Drwy hynny fe ddes i adnabod Prys
hefyd. Roedd e'n bensaer llwyddiannus ar y pryd.

Doedd gen i ddim syniad pam roedd e wedi galw
y noson dyngedfennol honno. Roedd wedi clywed
fy mod i'n awyddus i gychwyn busnes yn ymwneud
â chwaraeon. Roedd e'n iawn. Ro'n i wedi bod yn
edrych ar adeilad arall gyferbyn â garej Gwalia yn
Rhodfa'r Gogledd. Ond fedrwn i ddim mo'i brynu heb
werthu'r tŷ.

Neges Prys, yn syml, oedd y medrai fy helpu'n
ariannol i sefydlu busnes, gyda fe'n dod yn bartner.
Fe wnes i dderbyn a daethon ni'n bartneriaeth lawn.
Ei enw e fyddai ar ddogfennau'r adeilad.

Wrth i ni baratoi at addasu ac agor y siop, ro'n
i'n cynnal y busnes yn y tŷ. Yno y byddai cwmnïau'n
gadael eu cynnyrch. Yn help mawr i mi ar y pryd
roedd Ainsleigh Davies, oedd yn fyfyriwr yn Aber.
Fe aeth ymlaen wedyn, wrth gwrs, i fod yn brifathro
Ysgol Dyffryn Teifi. Yn y siop fe fyddai'n agor bocsys
ac yn gosod y deunydd ar y silffoedd. Ar y pryd ro'n i'n
gweithio mis o rybudd yn y llyfrgell, felly roedd cael ei

help yn werthfawr iawn. Roedd angen cryn waith ar y lle. Mewn adeilad a fu'n garej roedd angen glanhau pob ôl o olew o'r lloriau ac addasu'r strwythur. Yn rhinwedd ei swydd fel pensaer, Prys wnaeth baratoi'r cynlluniau.

Pan agorodd y siop, dim ond Gret a finne oedd yn gweithio yno. O fewn tri mis fe fu'n rhaid i ni gael mwy o staff. Roedd y plentyn cyntaf, Gari, wedi cyrraedd erbyn hyn ac fe fyddai Gret yn dod ag e gyda hi i'r siop. Fe wnes i sylweddoli'n fuan iawn fod y lle'n rhy fach. Ond roeddwn i ym mhoced Prys. A dyma hwnnw'n dweud bod garej Gwalia ar werth. Ymhen llai na blwyddyn, felly, dyma brynu'r lle a'i droi'n siop gyda thri chwrt sboncen achos roedd y gêm honno'n dechre dod yn boblogaidd. Roedd yr adeilad, eto, yn enw Prys. Gyda fe roedd yr arian ar gyfer ei brynu ac fe gostiodd ychydig dros £20,000. Yn anffodus, dim ond ar gyfer y busnes oedd fy enw i. Doedd e ddim yn cynnwys partneriaeth yn yr adeilad. Dyma, o bosibl, oedd fy nghamgymeriad mwyaf.

Un peth oedd codi neu addasu adeilad. Y peth pwysicaf oedd adeiladu busnes. Roedd gen i gysylltiadau da yn y byd chwaraeon ac fe wnaethon ni hysbysebu'n eang. Ni, bron â bod, oedd yr unig siop fawr o'r fath yn arbenigo ar offer a dillad chwaraeon a hamdden yng Nghymru ac roedd hyn yn fantais fawr. Roedd siop chwaraeon Bryn Davies ger y pier yn dal i fynd, ond roedd honno braidd yn hen ffasiwn erbyn hynny. Fe hition ni ei fusnes e'n galed ac roedd hynny'n fy ngofidio. Ond roedd Bryn wedi gweld amseroedd da ac yn barod i roi'r ffidil yn y to beth bynnag. Fe wnes i brynu'r lle yn nes ymlaen. Roedd hyn yn gyfle, ar un llaw, i sicrhau mai dim ond un siop chwaraeon fyddai yn Aber. Ar y llaw arall, fe ddaeth siop Bryn yn ddefnyddiol ymhen amser ar gyfer gwerthu nwyddau Benetton.

Roedd ganddon ni anfantais fel busnes newydd wrth geisio denu cynnyrch y brandiau mawr fel Dunlop a Slazenger. Ond o weld ein llwyddiant ni a'n gallu i werthu deunydd am tua hanner y pris, nhw ddaeth aton ni.

Am gyfnod sylweddol, gwerthu i unigolion ac ambell dîm pêl-droed neu rygbi fydden ni. Ac roedd y teyrngarwch tuag at Bryn Davies yn parhau i raddau. Ar yr adeg berffaith i ni fe lansiodd Adidas steil arbennig o grysau T. Roedd rheiny'n gwerthu fesul cannoedd wrth i ddillad chwaraeon droi'n ddillad ffasiynol.

Fe fu'r cyfnod agoriadol yn y siop newydd yn un anodd. Roedd angen llawer o wario cychwynnol ar addasu'r adeilad. Ac i fod yn onest, fe warion ni ar rai pethe nad oedd eu hangen. Er mai partner segur oedd Prys, fe fyddai'n tynnu – fel finne – o'r busnes ar wahanol eiddo. Prynwyd carafán, er enghraifft. Fe arweiniodd y gorwario diangen hwn at rai problemau ariannol. O edrych nôl nawr, sy'n beth hawdd, fe wnaethon ni ehangu'n rhy gyflym ac roedd y costau'n llawer uwch na'r disgwyl. Roedd y busnes yn dechre troi'n fath ar fanc personol i ni.

Er gwaethaf hynny roedd yna fylchau i'w llenwi. Doedd yna ddim clwb sboncen yn y dre na chlwb hamdden chwaith. Dyma gyfuno'r ddau a hynny'n ei gwneud hi'n haws i gael trwydded gwerthu alcohol. Agorwyd y clwb ar y llawr cyntaf ac am gyfnod doedd fawr neb yn ei ddefnyddio. Roeddwn i wedi gwario ffortiwn ar ei sefydlu. Ro'n i'n talu stiward.

Yn anffodus, fe oedd y cwsmer gorau oedd yno! Fe yfai lond potel o wisgi ei hunan bob dydd. Chwarae teg iddo, gyda'r lle'n wag doedd ganddo fe ddim byd arall i'w wneud.

Fe wnaethon ni dalu cwmni arbenigol i ymchwilio i'r busnes er mwyn canfod pam nad oedd aelodau'r clwb yn defnyddio cyfleusterau'r bar. Wedi'r cyfan, doedden ni ddim am fynd yn fethdalwyr. Fe wnaethon ni dalu dros fil o bunnau am yr adroddiad dadansoddol hwnnw. Doedden ni ddim yn rhyw hapus iawn â'r adroddiad. Doedd e ddim yn cynnig atebion digonol. Felly fe ofynnon ni i'r cwmni ddod yn ôl i wneud dadansoddiad manylach. Cyn iddyn nhw ddod yn ôl fe aethon nhw'u hunain yn fethdalwyr! Yr unig ateb, cyn belled ag y medrwn i ei weld, oedd gweithredu fel stiward fy hun. Fe weithiodd gan fy mod i'n barod i agor yn hwyr. Doedd yna'r un lle arall ond clwb a fedrai wneud hynny.

Pan fyddai gan ein cyfrifydd, David Cooke, broblem roedd e'n tueddu i dynnu cudyn o'i wallt â'i fysedd. Un dydd, pan welais e'n gwneud hynny, fe wyddwn fod yna rywbeth ar dorri. Roedd hyn bum mlynedd ar ôl i ni gychwyn. Roedd Prys a Cath eisoes wedi bod yn trafod gyda'i gilydd yn y swyddfa. Fe drodd Prys ata i a gofyn a fyddai gen i ddiddordeb mewn prynu'r busnes. Doedd gen i ddim arian. Gweithio o'n i. Ro'n i'n gobeithio adeiladu rhyw fath o gyfalaf, yn naturiol, ond fe gymerai hynny amser.

Ro'n i'n delio gyda banc y Midland ac rwy'n cofio mynd i weld y rheolwr, Gwyn Richards. Cytunodd hwnnw ac fe ddaeth y cyfan i fy nwylo i. Yn wir, doedd fawr o ddewis gan y rheolwr. Y peth olaf oedd e am ei weld oedd rhywun o statws Prys yn mynd yn fethdalwr. Fe wyddai hefyd y byddai'n rhaid i'r ganolfan barhau. Yn anffodus, pan soniais wrtho bod gen i ddiddordeb mewn prynu'r adeilad, fe wnaeth e fy nghynghori i beidio. Teimlai fy mod i'n ddyn busnes da, heb angen bod ynghlwm wrth frics a morter. Bu hynny'n gamgymeriad mawr. Petawn i wedi prynu, fe fyddai gen i rywbeth solet y tu ôl i mi. Unwaith yr aeth y cwmni, doedd gen i ddim asedau ar ôl. Prys a Cath Edwards oedd yn dal i fod yn berchen ar yr adeilad.

Fe gafodd y trefniant newydd effaith ar fy ffordd o fyw ar unwaith. Rwy'n cofio mynd allan gyda Gret i ginio'r clwb rygbi a dweud wrthi am beidio â derbyn diod oddi wrth neb gan nad oedd gen i arian i brynu diodydd yn ôl.

Yr unig ateb fu torri'r got yn ôl y brethyn. Yn un peth bu'n rhaid i mi gael gwared ar stiward y bar a'i wraig a mynd yn ôl i weithio yno fy hunan. Ac yna'n sydyn, am ryw reswm anesboniadwy, fe drodd bar y Ganolfan Chwaraeon yn brif fan cyfarfod yn y dre. Roedd pob tafarnwr yn ein casáu. Tua deg o'r gloch ar nos Wener a nos Sadwrn fe fyddai bariau eraill y dre'n gwacáu a phawb yn tyrru aton ni. Fe fydden ni'n gorfod cloi'r drws am wyth a chael bownser i adael pobl i mewn fel y deuai lle'n rhydd.

Fe ddaeth yn fan cyfarfod i fyfyrwyr Cymraeg y coleg yn arbennig. Yno y deuai chwaraewyr a chefnogwyr gwahanol dimau pêl-droed yn gynnar ar nos Sadwrn. Yn aml iawn fe fydden ni'n torri'r rheolau diogelwch drwy adael gormod i mewn. Fe fyddai pobl amlwg yn galw. Fe fu'r Pump Mawr, sef dewiswyr tîm rygbi Cymru, yn dod aton ni. Fe fyddai Mike Smith, rheolwr tîm pêl-droed Cymru, yn galw yno bob tro y byddai yn Aber. Mae Mike yn dal i fy ffonio bob bore dydd Nadolig.

Fe alwodd Geoff Hurst yn y siop a'r clwb yn syth ar ôl iddo fod yn chwarae dros Loegr yn erbyn yr Almaen. Gêm dysteb oedd hi i Uwe Seeler, ymosodwr yr Almaen, gyda sêr y ddwy wlad yn chwarae yn erbyn ei gilydd. Fe hedfanodd i Hwlffordd ac fe es i i'w nôl yn y car. Bu yno'n arwyddo llofnodion ac yn cicio pêl y tu allan. Roedd cymaint o bobl y tu allan y diwrnod hwnnw nes y bu'n rhaid i'r heddlu gau'r stryd. Roedd Hurst yn cynrychioli un o'r cwmnïau offer chwaraeon ac yn galw mewn chwech o wahanol ganolfannau chwaraeon drwy wledydd Prydain. Roedden ni'n un o'r chwech, a'r unig le yng Nghymru. Yn wir, fe ddaethon ni'n ffrindiau. Fe agorodd ei siop chwaraeon ei hun yn Telford. Fe gwrddais i ag e ddwy flynedd yn ôl yng nghinio'r Ymddiriedolaeth Bêl-droed yng Nghaerdydd ac oedd, roedd yn fy nghofio.

Fe fu Ian Rush yno hefyd ar gyfer ail-lansiad y ganolfan. Unwaith eto, doedd dim lle i symud yno. Erbyn hynny roedd y lle wedi dyblu o ran maint. Fe wariais i arian mawr ar yr ailwampio. Roedd popeth yn ymddangos yn bosibl nawr. Fe agorais i siop yng Nghanolfan Hamdden Abertawe ac un arall yng Nghei Connah yng Nghanolfan Hamdden Glannau Dyfrdwy. Bryd hynny roedd gen i bŵer prynu cryf iawn. Fe fedrwn i, er enghraifft, brynu dwy fil o racedi tenis gyda'i gilydd a byddai hynny'n gwneud prisiau gwerthu'r racedi unigol yn isel. Fedrai siop fach ddim gwneud hynny. Roeddwn i o fewn oriau i brynu'r adeilad yn Aber ond ar y funud olaf fe benderfynodd Prys a Cath ei gadw ar gyfer eu dyfodol nhw.

O dipyn i beth fe ddaeth mwy a mwy o enwau

mawr y byd chwaraeon i wybod amdanon ni. Yn
eu plith roedd Robbie Brightwell a John Cooper,
athletwyr oedd wedi ennill medalau Olympaidd yn
Tokyo yn 1964. Brightwell oedd capten tîm Prydain.
Fe enillodd fedal arian yn y ras gyfnewid 4 x 400 metr
ac fe enillodd ei ddarpar wraig, Ann Packer, fedal aur
yn y ras 800 metr. Fe enillodd John Cooper fedal arian
yn yr un gystadleuaeth â Brightwell ynghyd â medal
arian arall yn y ras 400 metr dros y clwydi.

Fe ddaeth Robbie yn gyfarwyddwr i Adidas a John
yn rheolwr gwerthu ac fe fydden nhw'n galw yn y siop
yn rheolaidd. Adidas oedd ein cyflenwyr mwyaf ni ar
y dechre, a ni oedd un o'u cwsmeriaid gorau nhw. Fe
fyddwn i'n aros yng nghartref Brightwell ar adegau
pan fyddwn i'n mynd i fyny i Stockport i ymweld â'r
cwmni yn Wilmslow. Fe fu dau o dri mab Robbie ac
Ann yn chwarae dros Manchester City.

Fe fu John Cooper i lawr yn Aber droeon. Roedd
John yn ddyn hyfryd. Yn anffodus, fe'i lladdwyd mewn
damwain awyren yn 1974. Fe oedd yn cynrychioli
Adidas drwy Gymru. Fe dreuliais i noson allan
yn Llundain gyda John pan o'n i'n ymweld â ffair
fasnach yno. Rwy'n cofio mynd gyda fe i Le Monde
a phwy oedd yno ond Ricky George, a sgoriodd y gôl
hanesyddol honno i Henffordd yn erbyn Newcastle
United yn nhrydedd rownd Cwpan Lloegr yn 1972.
A phwy gerddodd i mewn tua dau o'r gloch y bore
ond dau o chwaraewyr Chelsea, Peter Osgood ac
Alan Hudson, er eu bod nhw'n chwarae dros Loegr y
prynhawn wedyn.

Fy mwriad i oedd sefydlu siop chwaraeon fwyaf
Cymru. Ac unwaith y gwnaeth pobl sylweddoli fy mod
i o ddifrif, fe newidiodd popeth. Dyna pryd y daeth y

profiad o yrru fan y llyfrgell deithiol yn ddefnyddiol. Fe lwyddais i ennill cytundebau pob ysgol yn hen siroedd Dyfed, Powys, Gwynedd a Chlwyd gan warantu eu cyflenwi ar gyfer dyddiadau penodol. Byddai archebion yn llifo i mewn bob dydd.

Fe godon ni dŷ newydd, Cesail y Bryn, i fyny uwchlaw Bae Ceredigion yn edrych i lawr ar y dre. Roedd pethe'n mynd yn dda. Fe brynais i gar newydd. Aethon ni ar wyliau i America. Wrth edrych yn ôl, wrth gwrs, mae'n amlwg i mi wario'n wirion. Mae hi'n hen, hen stori. Ond beth wnawn i? Roedd y banc yn taflu arian ata i.

Dyma pryd y gwnes i brynu siop chwaraeon Bryn Davies. Yn yr achos hwn, nid ehangu'r busnes oedd yr unig gymhelliad y tu ôl i'r penderfyniad. Ro'n i wedi dwyn busnes Bryn bron yn llwyr a theimlwn fod arna i ddyled iddo. Felly fe dalais arian da am ei siop a'i fusnes. Fe fues i'n ffrind i Bryn hyd y diwedd.

Fe ddaeth yr eisin ar y gacen pan lwyddon ni i sicrhau hawlfraint gwerthu'r cwmni Benetton. Fe es i i'r Sioe Chwaraeon yn Llundain gyda Ffion. Fe symudodd y sioe wedyn i'r NEC yn Birmingham. O hynny ymlaen, yr unig ddillad roedd Ffion am eu prynu oedd dillad Benetton. Y tro nesaf yr oedden ni yn Llundain fe aethon ni o gwmpas tair neu bedair o siopau'r cwmni ond doedd dim byd yno oedd yn addas. A dyma fi'n dweud wrthi, 'Os na fydd dim byd ti'n ei ffansïo yn y siop nesaf, fe wna i ei archebu drwy'n siop ni.' Ond na, fedrwn i ddim oherwydd nad oedd gen i hawlfraint i werthu nwyddau'r cwmni.

'Reit!' medde fi wrth Ffion. 'Os na fedra i brynu eitem gan Benetton i ti, fe wna i brynu Benetton ei hunan i ti.'

A dyna beth ddigwyddodd. Fe brynais i hawlwerthiant Benetton. Cyn hir roedd gen i bedair o siopau mawr â hawlfarchnad Benetton, un ohonyn nhw ym Mryste. Rhentu'r siopau hyn o'n i a hynny ar rent uchel iawn. Ym Mryste ro'n i'n talu £80,000 y flwyddyn o rent. Ro'n i'n talu rhent o £20,000 yng Nghaerfyrddin ac roedd y siop yn Hwlffordd yn costio £30,000 y flwyddyn. Roedd y llall, siop fach oedd honno, yn Abertawe. Yn Aber roedd y telerau'n rhesymol dros ben.

Yn Hwlffordd fe ges i flwyddyn o rent am ddim. Ond roedd costau ychwanegol yn y siopau i gyd ar gyfer eu haddasu i arddangos nwyddau a lliwiau Benetton. Roedd y llif arian i mewn yn dda. Ond unwaith y deuai'r biliau am rent ac am adnewyddu, doedd pethe ddim cystal.

Roedd y trosiant adeg yr oes aur dros filiwn y flwyddyn. Yr adeg honno roedd y banciau'n barod i gynnig unrhyw delerau i gael cwsmer newydd. Fe es at y Midland i ofyn i'r banc am fwy o fenthyciad. Ond am ryw reswm, ces fy ngwrthod. Mwy na thebyg eu bod nhw'n credu bod gen i ddigon ar fy mhlât eisoes. Yna dyma Barclays, ar ôl clywed am hawlfraint Benetton, yn ffonio i gynnig unrhyw beth a fynnwn i petawn i'n trosglwyddo cownt y Ganolfan Chwaraeon iddyn nhw. A dyna beth wnes i. Fe fu'r rheolwr, Iori Jones, yn gefnogol iawn i mi. Ond wnes i ddim sylweddoli mai'r hyn o'n i'n ei wneud oedd camu ar y ffordd i brynu problemau.

Ar ôl dweud hynny, fe barodd oes aur y cwmni am wyth neu naw mlynedd. Fe fyddwn i'n prynu cychod awyr bach oddi wrth gwmni Campari. Ar ddechre mis Mehefin fe fyddwn i'n prynu pum cant ohonyn nhw.

Ar gyfer Gorffennaf fe fyddwn i'n prynu mil. Yna fe wnawn i brynu tua dau gant eto i orffen y tymor. Fe fyddai'r rheiny'n costio rhwng ychydig dan ddeg punt am rai bach i £150 am y rhai mwyaf ac fe fydden nhw'n mynd bob un. Fe fyddwn i'n galw pedwar neu bump o fechgyn ysgol i'r siop gyda'i gilydd i wneud dim byd ond pwmpio gwynt i'r cychod.

Cyd-ddigwyddiad perffaith oedd bod y bwrdd sglefrio wedi dod yn boblogaidd yr adeg hon. Fe wnes i werthu'r hanner dwsin cyntaf cyn iddyn nhw hyd yn oed fynd i ffenest y siop. Ar unwaith fe gysylltais â chwmni o'r Almaen ac archebu llwyth o ddwy fil i ddod i mewn ar long. Ces fenthyg lori wartheg y Brodyr Morris o Lanilar i'w nôl nhw i'r porthladd yn Southampton. Pan agoron ni'r bore wedyn doedd dim modd mynd i mewn i'r siop. Roedd torf y tu allan yn ciwio i'w prynu ar ôl gweld hysbyseb yn y ffenest.

Lein arall boblogaidd iawn oedd byrddau snwcer. Fe fyddwn i'n eu harchebu ddau gant ar y tro, byrddau chwe throedfedd wrth dair. Rwy'n cofio ar gyfer un Nadolig gario byrddau ledled ardal o Lanrwst i Landeilo. Fe fu'n rhaid i mi gyflogi dyn i wneud dim byd ond fy helpu i gludo byrddau snwcer mewn fan. Yn anffodus, roedd y rhieni am i ni ddod â'r byrddau pan fyddai'r plant yn eu gwelyau. Golygai hynny weithio drwy oriau'r nos gan guddio bwrdd mewn sied fan hyn neu mewn beudy fan draw. Felly, yn ogystal â bod yn ddyn busnes, ro'n i hefyd yn Santa Clôs.

Fe fyddwn i'n barod i deithio i unrhyw fan i weld ac i brynu nwyddau. Fe es i unwaith i Taiwan i ffair chwaraeon. Roedd modd prynu offer wedi ei gynhyrchu yno a'i bersonoli drwy osod enw fy mrand fy hun arno. Fe wnes i feddwl yn hir am yr enw mwyaf addas. Ac fe'i ces drwy ddefnyddio elfennau o enwau'r plant, Ffion a Gari. Yr enw wnes i ei ddewis oedd Ffigar. Mae e'n enw syml a hawdd ei ynganu. Ac mae label Ffigar yn dal i fodoli heddiw. Roeddwn i'n medru prynu racedi badminton, sboncen a thenis am chwarter y pris arferol, eu henwi nhw'n Ffigar a chystadlu'n llwyddiannus yn erbyn Slazenger a Dunlop. Fe wnes i'r un peth gyda pheli a sgidiau.

Yr adeg honno ro'n i'n cyflogi pymtheg yn y ganolfan yn Aber yn unig. Roedd gen i ysgrifenyddes bersonol a dau neu dri yn cadw cownts. Yn hen siop Bryn roedd tri arall. Fi oedd y cyntaf yn yr ardal i brynu cyfrifiadur. Roedd e'n anferth o beth, maint seidbord, ac yn swnllyd. Fe gostiodd y cyfrifiadur dros £10,000 ac fe fu'n rhaid i Jeff Pugh, cyfrifydd llawn-amser i mi, ei adeiladu yn y swyddfa. Ei unig werth pan wnes i ei werthu oedd £500 fel metal sgrap.

Pan oedd pethe'n mynd yn dda, doedd yna ddim arwyddion bod problemau ar y gorwel. Fe gafodd y plant, yn arbennig, y gorau o bopeth. Ond y gwir amdani oedd fy mod i'n gweithio'n galed, bron iawn bob munud o'r dydd. A'r nos hefyd yn aml. Hyd yn oed pan fyddwn i bant mewn ciniawau neu gemau rhyngwladol, fe fyddwn i'n gweithio. Roedd cwrdd â phobl yn hollbwysig, yn enwedig cwrdd â'r bobl iawn.

Ar benwythnosau rygbi fe fyddwn i'n mynd ac yn aros am ddwy neu dair noson. Ar un o'r ymweliadau hyn ces fy nghyflwyno i Syd Aaron, pennaeth adran chwaraeon UWIC, gan Gwilym Williams, Trefnydd Ymarfer Corff Dyfed ar y pryd. Ymhen tua thri mis dyma Syd yn ffonio ac yn cynnig cytundeb i mi gyflenwi holl anghenion chwaraeon UWIC. Fe barodd hwnnw am tua naw mlynedd. Pan fyddai myfyrwyr yn cychwyn yno roedd hi'n orfodol arnyn nhw i brynu pob eitem chwaraeon oddi wrthon ni a ni yn unig. Adeg gemau rhyngwladol yng Nghaerdydd fe fyddwn i'n llogi stafell gyfan mewn gwesty ar gyfer fy nghwsmeriaid. Fe fyddai pawb yn cael pryd o fwyd ond yn talu am y diodydd. Yn wir, ar un adeg roedd y tocynnau ar gyfer y digwyddiadau hyn yn y Centre Hotel yn bwysicach na'r tocynnau ar gyfer y gêm. Fe fyddwn i'n arlwyo ar gyfer rhwng cant a chant a hanner o bobl. Roedd y fath ddarpariaeth gorfforaethol yn newydd bryd hynny. Roedd hyn oll yn costio'n ddrud ond yn talu ymhen amser. Mater o fwrw fy mara ar wyneb y dyfroedd. Go brin y gwnes i sylweddoli bod y teid ar y ffordd allan.

Rwy'n cofio cyfaill i mi, Huw Powell – gŵr amlwg ym myd rygbi – yn fy wfftio pan ddywedais wrtho y byddai tîm Cymru yn dod i un o'r derbyniadau. Doedd e ddim yn credu bod gen i unrhyw obaith. Ond dod wnaethon nhw, bob un ond J P R Williams. Fe wnes i ddod yn ffrindiau mawr â llawer o'r bechgyn hyn – Phil Bennett, Allan Martin a Clive Rowlands yn eu plith.

Er mai fi sy'n dweud, roedd gen i gryn ddylanwad bryd hynny. Ro'n i'n un o gwsmeriaid gorau cwmni Adidas ac fe fedra i gofio derbyn galwad ffôn oddi wrth un o'r prif ddynion ar fore dydd Gwener yn gofyn a wnawn i ffafr ag e. Roedd e am i mi drosglwyddo amlen yr un i ddau o chwaraewyr Cymru cyn gêm ryngwladol. Fe fydden nhw'n cyfarfod â fi ar y grisiau y tu allan i'r gwesty. Fe wnes i gytuno ac fe gyflwynais amlen yr un i Gareth Edwards a Barry John. Beth oedd

59

yn yr amlenni? Fel finne, fe fedrwch ddychmygu. Dwi
ddim yn beio'r naill na'r llall. Roedden nhw'n haeddu
pob cildwrn posibl. Roedd Adidas wedyn yn gofalu y
byddwn inne'n cael ffafr fach am fy nghymwynas ac
am gadw'n dawel.

Fe fyddai Barry, yn arbennig, yn galw yn y siop
bob tro y byddai yn Aber. A Grav wedyn. Fe ddaeth
y ganolfan yn llawer mwy na siop chwaraeon. Fe
ddaeth yn fan cyfarfod, yn enwedig y bar ar y llofft.
Fe fyddai yna dri yn arbennig a fyddai'n galw gyda
fi bob tro y bydden nhw yn y dre. Un oedd Carwyn
James, a fyddai angen lle tawel yn ystod y dydd i
baratoi darlith i'w thraddodi mewn cinio neu'i gilydd,
hwyrach, a rhyw jin a thonic bach wrth baratoi. Roedd
y bar ynghau yn ystod y dydd, felly fe gâi e lonydd. Un
arall oedd Eic Davies. Yn wir, fe fydde fe'n dod gyda
fi ar ambell daith pan fyddwn i'n mynd bant i brynu
offer neu ddillad chwaraeon. A'r trydydd oedd Eirwyn
Pontshân, a fyddai'n galw ar ambell ddiwrnod mart.
Os oedd am osgoi rhywun fe fydde fe'n rhedeg i'r siop
a sibrwd, 'Meirion, cwata fi.' Ac yn y cwrt sboncen y
byddai'n cuddio. Fe fydde fe wedyn yn mynd allan yn
slei bach drwy'r drws cefn. Dyna i chi driawd!

5

ERBYN YR WYTHDEGAU gwelwyd twf mawr ymhlith pobl fusnes oedd yn awyddus i agor siopau chwaraeon. Fe welais i'r arwyddion y gallai pethe fynd yn anodd wrth weld mwy a mwy o gwmnïau chwaraeon mawr yn ymddangos ac yn hysbysebu eu nwyddau a'u gwasanaeth yn y gwahanol bapurau. Drwy wireddu fy mreuddwyd o sefydlu'r siop chwaraeon fwyaf yng Nghymru roeddwn i wedi gosod y safon. Yn wir, teimlwn nad cadw'r safonau yn unig oeddwn i ond arwain y ffordd. Roedden ni fel cwmni o flaen ein hamser ac roedd hi'n bwysig ein bod ni'n parhau felly.

Mewn busnes rhaid bod yn ymwybodol gydol yr amser o'r sefyllfa sy'n bodoli. Rhaid bod yn ymwybodol nid yn unig o'r sefyllfa ar y pryd ond hefyd o'r argoelion am y dyfodol. Rhaid gwybod beth sydd ar y gwynt a gwybod i ba gyfeiriad mae'r gwynt hwnnw'n chwythu. All busnes ddim aros yn ei unfan. Ac un peth wnes i fuddsoddi ynddo oedd peiriant brodio. Fe gostiodd dros £26,000. Roedd e'n beiriant pedwar pen wedi ei gynllunio ar gyfer llunio bathodynnau. Yn wir, mae'r peiriant mewn bodolaeth ym musnes Gari y mab o hyd – busnes dan yr enw Ffigar.

Yna fe ges i fy nenu gan hysbyseb gan gwmni yn Henffordd oedd yn bwriadu mynd ati i werthu sgidiau chwaraeon yn rhad. Dyma benderfynu mynd i bartneriaeth gyda sylfaenydd y fenter honno. Y syniad oedd prynu'r sgidiau fesul miloedd ar ddisgownt ac yna eu gwerthu drwy'r papurau poblogaidd fel y *News of the World* a'r *Sun*. Roedd un hysbyseb tudalen gyfan yn costio tua £12,000.

Ymddangosai mai hon oedd y ffordd ymlaen. Roedd mwy a mwy yn prynu drwy'r post gan dalu gyda chardiau. Roedd y farchnad nwyddau chwaraeon yn drwch o gatalogau a hysbysebion papurau newydd. Er mai ni oedd siop chwaraeon fwyaf Cymru, roedd mwy a mwy yn gweld bod modd prynu nwyddau'n ddidrafferth drwy'r post. Yn ddiweddarach, diolch i'r we, gwelwyd yr un peth yn digwydd i siopau llyfrau a recordiau pan drodd Amazon yn fonopoli bron iawn. Doedd dim amdani ond dilyn y chwiw neu foddi.

Fe brynon ni gyflenwad o sgidiau ar delerau rhad gan Adidas. Yn y ganolfan fusnes yng nghanol Henffordd roedd ganddon ni staff o wyth yn ateb galwadau ar wyth ffôn. Am bump o'r gloch y bore dydd Llun wedi i'r hysbyseb gyntaf ymddangos yn y *News of the World* dyma neges yn cyrraedd y gwesty lle roeddwn i'n aros. Y neges oedd i mi ddod i'r ganolfan ar unwaith. Roedd y llinellau ffôn ar dân. Roedd yr archebion yn cyrraedd yn ddi-baid. Fe werthwyd y cyflenwad cyntaf yn llwyr o fewn dim o dro ac fe wnaethon ni dros £20,000 o elw o fewn ychydig ddyddiau.

Roeddwn i'n hyderus nawr ein bod wedi hitio gwythïen aur. Dyma fynd ati i ailhysbysebu a phrynu cyflenwad arall o ddeunydd chwaraeon. Y tro hwn dyma brynu cyflenwad o gotiau Clwb Pêl-droed Rangers. Roedden nhw'n gwerthu yn y siopau am £50. Roedd gan Adidas gyflenwad o tuag wyth mil ac fe lwyddon ni i'w prynu am lai na £10 yr un. Fe wnaethon ni eu hysbysebu am £16.99 yr un, gan dalu £12,000 unwaith eto am hysbyseb.

Ar y nos Sul a'r bore Llun dyma ddisgwyl i'r teleffonau ganu fel cynt. Erbyn un o'r gloch y prynhawn Llun dim ond un alwad a dderbyniwyd. Roedd colledion enfawr yn ein hwynebu. Er mwyn ceisio arbed hynny fe deithion ni i Glasgow i geisio gwerthu'r cotiau i siopau chwaraeon y ddinas. Ar ôl cyrraedd fe welon ni bod y siopau'n eu gwerthu'n rhatach na ni.

Roedden ni nawr mewn twll â miloedd o gotiau ar ein dwylo. Ro'n i'n teimlo fel Del Boy yn *Only Fools and Horses*. Yn wir, ar ein hymweliad â Glasgow, fe es i weld y tîm yn chwarae gartref. Y tu allan roedd towts yn ceisio gwerthu cotiau i ni! Dyna ble'r o'n i'n eistedd yn gwylio'r gêm a phawb yn y stadiwm, bron, yn gwisgo'r cotiau ro'n i'n ceisio'u gwerthu! Roedd cist y car y tu allan i Ibrox yn orlawn o gotiau Rangers a'r stordy yn Henffordd wedi ei stwffio o'r llawr i'r to gyda chotiau Rangers, a finne'n ceisio'u gwerthu nhw ble bynnag yr awn.

Roedd hon, wrth gwrs, yn fenter gwbl ar wahân i fusnes gwreiddiol y Ganolfan Chwaraeon. Ond roedd y ganolfan yn gwbl allweddol i'r fenter hon hefyd. O'r ddau ohonon ni yn yr ail fusnes, dim ond fi fedrai brynu nwyddau a thrwy'r Ganolfan Chwaraeon wnes i eu prynu. Roeddwn i wedi buddsoddi'n ddrud drwy dalu am logi canolfan a warws yn Henffordd, talu BT i osod rhwydwaith ffôn a thalu'r rhent amdano, talu staff o wyth i ateb y teleffonau, talu staff i bacio'r nwyddau heb sôn am dalu am y nwyddau a'r hysbysebion.

Wedi methiant menter cotiau Rangers, hawdd fyddai i rywun fy nghyhuddo o fod yn wirion. Ond roedd y cam wnes i ei gymryd i ehangu yn ymddangos fel un synhwyrol. Rhaid buddsoddi er mwyn cynyddu. Gwendid mawr ein syniad oedd bod nifer o fentrau tebyg wedi eu sefydlu ar yr un adeg. Roedd y farchnad yn ferw o hapfasnachwyr, a phawb yn neidio ar yr un wagen. Roedd fy llwyddiant cynnar nawr yn elyn a dwsinau'n ceisio fy efelychu trwy agor siopau chwaraeon.

Ond gyda'r holl gotiau yn ein warws, nid dyma'r amser i roi'r ffidil yn y to. Rhaid nawr oedd gofyn ble nesaf. Fe aethon ni nôl at sgidiau chwaraeon gan edrych ar gwmnïau fel Nike ac eraill. Ond roedd y gystadleuaeth erbyn hyn yn anferth. Gymaint oedd y gystadleuaeth nes ei bod yn anodd canfod cyflenwadau o nwyddau addas i'w prynu a'u gwerthu. Yn y diwedd doedd dim dewis ond derbyn ein colledion, a'r colledion ariannol hynny'n dod o'r Ganolfan Chwaraeon.

Fe symudais i'r holl nwyddau oedd yn y warws yn Henffordd i Aberystwyth. Doedd gen i ddim lle i'w cadw felly fe fu'n rhaid i mi gau un cwrt sboncen a'i droi'n storfa. Golygai hynny lai o incwm o'r cyrtiau sboncen. Ond doedd gen i ddim dewis.

Dylwn nodi colled arall fan hyn. Yn ffair Aberystwyth un flwyddyn fe wnes i gyfarfod â stondinwr oedd yn gwerthu dillad. Galwai ei hun yn Johnny Thunderer. Hyd heddiw, does gen i ddim syniad beth oedd ei enw iawn. Roedd gen i stoc dda o ddillad ar fy nwylo a dyma gynnig gwerthu rhai ohonyn nhw i Johnny. Fe gytunodd ac fe dalodd mewn arian sychion. Roedd e'n aros yng ngwesty'r Cambrian ac, yn wir,

Yn flwydd oed heb un gofid yn y byd.

Tafarn Crug Isaf,
Pant-y-crug, lle ces fy ngeni.

Ym mhriodas Mam
gyda fy nghyfnither,
Rhiannon.

Cerdded prom Aberystwyth ar
Ddydd Gwener y Groglith 1950.

Cychwyn yn yr
ysgol uwchradd
ond gorfod
gadael yn rhy
gynnar.

Gyda Rhiannon, Iona a Geraint, fy mherthnasau agosaf, yn 1958.

Gari yn blentyn ym mreichiau ei fam.

Gari yn 18 oed gyda'i chwaer Ffion, Rhodri (cefnder), Rhian (cyfnither) a Heledd, ffrind Ffion.

Ffion gyda'i thad-cu, William John.

Ffion a'i phartner, Richard, gyda Mam.

Ffion yn dal Cwpan y Byd.

Ffion a Richard a'u meibion, Siôn a Dylan, ar y prom yn Aberystwyth.

Gari a'i wraig, Amie, a'u plant, Tomos ac Elin, ar achlysur bedydd Elin yn Eglwys Llanbadarn.

Yn aelod o dîm y Bont 1963–4.

Yn gapten ar dîm y Bont 1964–5 a enillodd y bencampwriaeth.

Y siop gyntaf.

Y siop fawr ar safle garej Gwalia.

Gyda'r teulu ac Ian Rush yn agoriad swyddogol y Ganolfan Chwaraeon yn dilyn yr adnewyddu.

Bwrdd hysbysebu y Ganolfan Chwaraeon mewn lle blaenllaw ar y Cae Ras yn Wrecsam yn ystod gêm Cymru yn erbyn Lloegr yn 1980. Cymru enillodd 4-1.

Agoriad Clwb Cymdeithasol Pêl-droed Llambed gyda Mike Smith.

Gyda Huw Morgan a Graham Moseley yn Romania yn 1981 fel rheolwr tîm Coleg Prifysgol Cymru, Aberystwyth.

Tîm pêl-droed Coleg Prifysgol Cymru, Aberystwyth ar y daith lwyddiannus i Romania.

Hyfforddwr gyda thîm lled-broffesiynol Cymru oedd yn cynnwys Tomi Morgan a Ken Williams o glwb Aberystwyth mewn gêm yn erbyn Lloegr yn y Rhyl, 1988.

Aelodau'r tîm cyntaf i ennill cwpan dan fy rheolaeth yn Aber.

Gyda Derrick Dawson, cadeirydd hirben Clwb Pêl-droed Aberystwyth.

Ble mae'r bêl?

Dathlu ar ôl ennill Cwpan Canolradd Cymru.

Cwpan arall
i Aber mewn
cyfnod o
lwyddiant.

Tomi Morgan
yn sgorio
gôl i Aber
mewn gêm
allweddol yn
Aberhonddu.

Timau
llwyddiannus
Aber fu o dan
fy rheolaeth.

Torf nodweddiadol yn dathlu yn yr wythdegau ar ôl ennill y cwpan neu'r gynghrair.

Tîm llwyddiannus arall gyda Gwynfor Edwards, aelod gwerthfawr o glwb Aber.

Y tîm ieuenctid a'r ail dîm gyda'r tîm cyntaf yn ystod blwyddyn canmlwyddiant clwb Aber.

Cael y fraint o ddal Cwpan Canolradd Cymru yn 1986.

Tîm Aberystwyth a enillodd bedwar tlws yn ystod yr un tymor.

Fy nhîm olaf i fel rheolwr ar glwb Aberystwyth.

Tîm pêl-droed Dinas Bangor yn ennill Cwpan Cymru dan fy rheolaeth.

Dathlu llwyddiant Bangor gyda Gwyn Pierce Owen ac Alun Griffiths.

Y tymor cyntaf yn y gynghrair genedlaethol gyda Llanidloes.

Bates has never appreciated my sacrifice — Neal

Fy arwr a fy ffrind gorau, John Neal, cyn-reolwr Wrecsam, Middlesbrough a Chelsea, yn denu penawdau papur newydd.

Season's Greetings

Cerdyn Nadolig Clwb Pêl-droed Chelsea a dderbyniais oddi wrth John Neal.

Gyda Bobby Brown, Swyddog Hyfforddi Cymdeithas Bêl-droed Cymru.

Fel hyfforddwr ar gwrs hyfforddi Cymdeithas Bêl-droed Cymru gyda Mike Smith.

Staff cwrs hyfforddi Cymdeithas Bêl-droed Cymru, yn cynnwys Gary Speed ac Osian Roberts.

Gydag Osian Roberts pan oedd yn Swyddog Datblygu Pêl-droed Sir Fôn.

Gyda Marcel Desailly ac Osian Roberts ar un o gyrsiau hyfforddi Cymdeithas Bêl-droed Cymru. Roedd Marcel yn un o'r ymgeiswyr blaenllaw ar y cwrs.

fe wnaethon ni daro sawl bargen dros y tair wythnos y bu'r ffair yn y dre, a Johnny yn talu gydag arian sychion bob tro.

Yna fe brynais i stoc go fawr oddi wrth gwmni Helly Hansen. Erbyn hyn roedd Johnny nôl adre yn ardal Manceinion. Fe ofynnodd i mi anfon cyflenwad o'r dillad iddo gan addo postio'r arian i mi, tuag £8,000. Ond doedd dim sôn am y siec yn cyrraedd, er iddo fy sicrhau ar y ffôn y byddai popeth yn iawn. Ar ôl dau neu dri mis dyma benderfynu gyrru i fyny i weld Johnny. Yn y tŷ lle'r oedd e'n byw doedd dim sôn am neb. Doedd dim arwydd fod neb yn byw yno. Fe ges i gyfarwyddiadau gan un o'r cymdogion i westy yn Blackpool a dyma yrru draw yno yn y Jag ymhen tua phythefnos.

Pan es i mewn i'r gwesty fe wyddwn fy mod mewn ogof lladron. Roedd llygaid pawb arna i a phan ofynnais am Johnny Thunderer fe galedodd yr olwg ar yr wynebau. Fe esboniais 'mod i am drafod busnes gydag e, rhywbeth i'w setlo. Yna dyma ddyn anferth yn dod draw a gofyn sut o'n i wedi cyrraedd yno. Finne'n esbonio i mi yrru i fyny ar hyd y draffordd yn y Jag. Roedd ei ateb yn fyr ac i'r pwynt.

'Cer nôl i'r draffordd yn dy Jag nawr neu fe fyddi di'n lwcus cyrraedd adre gyda choesau'n dal yn sownd wrth dy gorff.'

Wnes i ddim dadlau. Adre yr es i, wyth mil o bunnau'n dlotach o hyd. Ychydig yn ddiweddarach fe ges i alwad ffôn gan rywun dienw yn dweud wrtha i fod Johnny yn y carchar ac yn debygol o aros yno am ddeng mlynedd. Dim ond un o lawer oedd wedi colli arian o'n i, mae'n debyg.

Roedd hi'n amlwg ers tro cyn hynny fod yna gymylau'n crynhoi uwchben y busnes. Nid rhywbeth dros dro oedd prynu drwy'r post. Roedd hi'n amlwg fod yr arfer yn mynd i aros. Roedd e'n ddull rhatach. Roedd e'n ddull mwy hwylus. Ac roedd e'n torri ar yr angen i deithio i siopa. Roedd fy ngwerthiant i, gan mwyaf, yn lleol i Aber ac i Gymru. Nawr, doedd lleoliad ddim yn bwysig. Yn wir, doedd dim angen siop, dim ond storfa, catalogau a theleffonau.

Roedd fy llwyddiant i nawr yn gledd daufiniog. Er bod y canolfannau gwerthu drwy'r post yn tanseilio'r siopau chwaraeon, roedd mwy a mwy o siopau – wedi i ni brofi cymaint o lwyddiant – hefyd yn agor ledled Cymru a gweddill Prydain, heb sylweddoli eu bod nhw eisoes allan o ffasiwn. Roedd llawer o'r busnesau newydd hyn yn siopau cadwyn ac yn medru prynu nwyddau mewn niferoedd anferth, gan sicrhau disgownt. Roedd holl arferion prynu a gwerthu yn newid bron iawn dros nos.

O ran siop chwaraeon, dim ond yr un yn Aber oedd gen i bellach. O ran Benetton, hawlfraint oedd gen i. Roedd cwmnïau tebyg i Benetton, ar ôl gweld llwyddiant hwnnw, yn ymddangos fel madarch nawr. O ganlyniad, roedd y gwerthiant yn y siopau Benetton yn disgyn yn sylweddol. O adeg pan fydden ni, mewn un siop ym Mryste, yn gwerthu nwyddau gwerth tuag £8,000 y dydd yn y cyfnod cyn y Nadolig, gwelwyd cwymp i ddim byd bron ar ôl yr ŵyl.

Roedd hawlfraint Benetton yn dod am ddim. Ond perchennog yr hawlfraint fyddai'n gorfod gwario ar rentu ac addasu'r siopau. Roedd perchenogion y siopau – neu'r canolfannau siopa – yn awyddus i ddenu enwau mawr fel Benetton. Roedd presenoldeb

Benetton yn codi proffeil yr holl siopau cyfagos. Yr enw oedd yn bwysig iddyn nhw.

O benderfynu sefydlu siop Benetton, fe fyddai perchennog yr adeiladau yn cyfrannu tuag at addasu'r siop, hyd at £90,000 hwyrach. Fyddai hynny ddim yn agos at fod yn ddigon. Ond roedd e'n help. Yna roedd crefftwyr o'r Eidal yn dod draw i wneud y gwaith addasu. Yn fy achos i, fi wedyn fyddai'n talu am gynhaliaeth y crefftwyr. Yn fwy na hynny, fi fyddai'n talu am eu poteli gwin. Fe fydden nhw'n yfed hyd at bum potel y dydd.

Pan agorais i ym Mryste fe gostiodd tua £140,000 i mi addasu'r siop yn y ganolfan yn Broadway, £40,000 yn fwy na'r hyn a dderbyniais gan berchennog y ganolfan siopa. Yn fuan fe agorodd unigolyn o'r De siop fwydydd parod wedi'u rhewi yn union gyferbyn â fi. Roedd ganddo fe unarddeg til. Fe welodd yn yr wythnos gyntaf na wnâi lwyddo. Dim ond un til oedd ei angen arno. Ond fe barhaodd am fis cyn cau. Faint fu ei golled, Duw a ŵyr.

Yn ystod fy mhedair blynedd gyda Benetton ym Mryste fe ges i un flwyddyn dda ond tair blwyddyn wael. Fe ddisgynnodd incwm Benetton ei hun ledled y byd. Roedd yr arian yn llifo allan fel agor tap.

Roedd hon yn stori gyffredin. Roedd gen i ffrind o Reading oedd yn prynu llawer o fy nwyddau i ar gyfer ei fusnes. Un dydd ro'n i ar y ffordd draw i'w weld pan ges i alwad ffôn. Roedd wedi lladd ei hun yn ei gar. Roedd gan y gŵr hwn naw o siopau Benetton. Roedd e'n briod a chanddo dri o blant bach.

Nid dyna'r unig enghraifft o'r fath. Yn y busnes dillad chwaraeon roedd cwmni Bukta yn un amlwg.

Y perchennog oedd David Buck ac fe ddaeth y ddau ohonon ni'n ffrindiau agos. Fe fyddwn i'n aros yn ei dŷ anhygoel o grand ac roedd ganddo ddiddordeb mawr mewn cychod. Rwy'n ei gofio'n adeiladu un cwch yn ei stafell ffrynt. Roedd e'n byw ar ei ben ei hun yn Stockport, ac fel gŵr sengl roedd e'n defnyddio'r tŷ ar gyfer pob math o weithgareddau. Roedd e'n dipyn o egsentric. Un dydd ro'n i ar y ffordd i fyny i'w weld pan stopiwyd fi gan gar heddlu ger Ponterwyd. Y neges oedd bod David wedi saethu ei hun yn ei gwch y noson cynt. Roedd ei fusnes wedi mynd i'r wal ac, iddo fe, yr unig ateb oedd cymryd ei fywyd ei hun.

Fe fedra i ddeall pam y gwnaeth y ddau ddyn busnes yna ladd eu hunain. Fe groesodd fy meddwl inne fwy nag unwaith. Ond na, teimlwn fod bywyd yn rhy werthfawr i'w aberthu ar draul arian. Roedd marwolaethau'r ddau hyn yn gosod problemau busnes mewn cyd-destun gwahanol. Beth bynnag oedd fy mhroblemau i, roedd gen i ddyletswydd i fy nheulu. Petawn i'n cyflawni hunanladdiad, fe fyddwn yn eu bradychu.

Na, does gan neb ond y rhai â phroblemau busnes unrhyw syniad o'r hyn mae'n ei olygu. Rwy'n cofio mynd i'r banc un dydd i ofyn am fenthyciad a Iori Jones, y rheolwr, yn llawn cydymdeimlad. Fe allai weld fy mod mewn trafferthion. Roedd gen i yswiriant personol ac roedd gan Gret a finne ein cyfrifon personol. Fe gymerwyd y cyfan, gan gynnwys £43,000 oedd wedi ei adael i Gret gan ei rhieni.

Roedd hyn oll yn nyddiau Margaret Thatcher. Mae hwn heddiw'n gyfnod anodd yn ariannol. Ond fe ddylen ni gofio, yn nyddiau Thatcher, fy mod i a fy nhebyg yn talu llog o 18 y cant ar fenthyciad. Bob yn awr ac yn y man byddai'r gyfriflen yn cyrraedd ac arno fe welwn swm anhygoel o dros £20,000 wedi ei dynnu fel llog. Ar y pryd roedd y banciau'n taflu benthyciadau o gwmpas fel conffeti. Ond, wrth gwrs, roedd yna'r mater bach o dalu'n ôl.

Yn y cyfamser roedd gen i fusnes arall yn ymwneud â mewnforio crysau o Tsieina. O Bangkok y bydden nhw'n dod ata i ac roedd ffrind, Eifion Jones o Gastellnewydd Emlyn, yn rhan o'r fenter. Enw'r cwmni oedd Ffigar Imports Ltd. Fe fydden ni'n prynu tua 40,000 o grysau T o wahanol liwiau ar yr un pryd – eu prynu am bunt a'u gwerthu am deirpunt. Am y flwyddyn gyntaf fe dalodd y fenter ac fe wnaethon ni barhau. Ond fe roddodd ein prif brynwr y ffidil yn y to ac fe aethon ni ati i chwilio am brynwr neu brynwyr newydd. Erbyn hynny roedd cymaint o gwmnïau eraill wedi neidio ar y wagen fel na fedren ni ganfod digon o brynwyr.

Un dydd ces sioc anferth. Dyma rywun yn fy ffonio i ofyn a oeddwn wedi darllen y *Western Mail* y bore hwnnw. Doeddwn i ddim. Wel, ymhlith y cyhoeddiadau, roedd fy enw wedi ei restru fel rhywun nad oedd wedi talu TAW ar y cwmni crysau ac oedd wedi ei wneud yn fethdalwr. Dim ond fi oedd yn cael ei enwi, er fy mod mewn partneriaeth yn Ffigar Imports Ltd. Ac er mai Ffigar Imports oedd y cwmni a enwyd, caewyd fy mhrif gwmni hefyd, sef y Ganolfan Chwaraeon. Dim ond ychydig dan £5,000 oedd fy nyled, ond roedd hynny'n ddigon.

Fedrwn i ddim credu'r peth. Ychydig yn gynharach roedd banc Barclays wedi anfon un o'u clercod draw o Lundain i gael sgwrs â fi am fy musnes er mwyn gweld oedd hi'n werth i mi barhau. Fe fedrwn i fod wedi ei ateb o fewn munudau. Ond na, rhaid oedd anfon hwn o Lundain i bori drwy fy llyfrau ar gost bersonol i mi o £12,000.

Un anfantais fawr oedd y ffaith nad oeddwn i'n gwmni cyfyngedig. Cwmni personol yn fy enw i oedd e. Er bod Gret ynghlwm wrth y cwmni, fe wnes i'n siŵr na châi ei henwi. Dyna adeg fwyaf uffernol fy mywyd. Caewyd y siop. Gwerthwyd y tŷ. Dros nos ro'n i mor dlawd â llygoden eglwys.

Anghofia i fyth mo'r foment honno yn Abertawe pan fu'n rhaid i mi osod fy llaw ar y Beibl a thyngu fy mod yn fethdalwr. Dyna pryd y torrodd argae'r dagrau. Fy unig gysur oedd i mi lwyddo i gadw enwau Gret, Ffion a Gari o'r cyfan. Fi, a fi yn unig, oedd yn fethdalwr.

Fe ddaeth un peth da o'r drychineb. Fe welais i wedyn pwy oedd fy ffrindiau. Byddai rhai a fu gynt yn honni cyfeillgarwch yn fy anwybyddu ar y stryd. Roedd eraill, heb wybod pa mor galed wnes i weithio, yn mynnu mai fy mai i'n bersonol oedd y cyfan. Mae yna rai ar strydoedd Aber heddiw o hyd sy'n fy ystyried yn blydi ffŵl.

Cymerwyd yr holl stoc. Bu'n rhaid i mi brynu'r peiriant brodio yn ôl. Prys Edwards oedd piau'r adeilad. Camgymeriad mawr, wrth edrych yn ôl, oedd i mi beidio â phrynu'r lle pan wahanodd Prys a finne. Fe gymerodd Prys yr adeilad yn ôl a'i droi'n fflatiau. Anodd meddwl heddiw mai'r Ganolfan Chwaraeon, ble mae'r fflatiau bellach, oedd y lle mwyaf poblogaidd o'i fath yng Nghymru ar un adeg. Anodd credu nawr ein bod ni'n mynd yn ôl ddeugain mlynedd. Anoddach fyth fyddai credu ar ddechre'r saithdegau y gwelwn, ymhen ugain mlynedd, feili'r llys yn cloi'r drws am y tro olaf. Bu ei hoes yn ugain mlynedd o fwynhad ac yn ugain mlynedd o ofid.

Fe fu enwau mawr yn gysylltiedig â'r lle. Geoff Hurst. Ian Rush. Mike Smith, rheolwr Cymru ar y pryd, agorodd fy siop am y tro cyntaf. Fe ddaeth y ddau ohonon ni'n ffrindiau agos. Fe wnaeth Mike lawer i hybu'r busnes drwy annog pobl ddylanwadol i brynu gyda ni. Pan symudodd i fyny i Nottingham fe agorodd ei siop chwaraeon ei hun. Dim ond blwyddyn barhaodd y fenter cyn i'r hwch fynd drwy'r siop. Rwy'n cofio amdano'n gofyn i mi am gymorth a finne'n cytuno. Go brin i mi feddwl y byddwn, o fewn ychydig flynyddoedd, yn yr un sefyllfa ag e.

Pan oedd y busnes ar ei anterth doedd dim arwyddion y gallai unrhyw beth fynd o'i le. Rwy'n cofio'n dda am gyfnod yr adnewyddu a'r ailagor. Ro'n i'n methu cael y carped a ddymunwn. Ro'n i eisiau logo'r cwmni gyda'r llythrennau 'CC' (Canolfan Chwaraeon) yn rhedeg ar ei hyd. Fe ges i un o'r diwedd ond fe gostiodd lawer mwy nag a feddyliais a dyma dorri'r newydd i'r banc. Chwerthin yn braf wnaeth y rheolwr. Swm pitw oedd hwnnw o'i gymharu â'r arian y byddwn yn ei wneud, meddai. Fe ges i werth y carped. Roedd e fel newydd pan wnes i gau.

Pan ddaeth Ian Rush yma i ailagor y ganolfan yn 1987 roedd e newydd gael ei werthu i Juventus. Fe wnes i ei hedfan o Lerpwl i Aber mewn hofrennydd. Fe gostiodd hynny £800 i mi. Ar feysydd Blaendolau roedd yna gannoedd o blant yn ei ddisgwyl. Roedd Pencampwriaeth Ian Rush yn cael ei chynnal yno ar y pryd, felly fe lwyddais i berswadio'r trefnwyr i dalu ffi Rush ei hun. Dim ond yr hofrennydd gostiodd i mi. Dyma fi'n cyrraedd yn y Jaguar ac Ian Rush, pêl-droediwr enwoca'r byd ar y pryd, yn disgyn o'r hofrennydd ac yn camu i'r car. Fe ddaeth yna filoedd o bobl i'r dre i'w weld. Ro'n i wedi prynu tudalen gyfan o hysbyseb yn y *Cambrian News*.

Ond gall bywyd newid yn sydyn. Ychydig flynyddoedd wedyn, dyma fi'n fethdalwr. Roedd hynny yn fy ngwahardd nawr rhag rhedeg busnes. Fe wnes i felly fynd ati ar unwaith i helpu Gari i agor a rhedeg ei fusnes ei hun. Er na chawn i fod yn ddyn busnes, fedrai neb ddwyn fy mhrofiad mewn busnes oddi arna i.

Erbyn hyn roedd fy mhriodas wedi chwalu. Ond yn hytrach na'n gwthio ymhellach oddi wrth ein gilydd, fe wnaeth y profiad ofnadwy hwn ddod â Gret a finne'n nes at ein gilydd yn ddiweddarach ac mae'r teulu'n dal yn uned gref. Er bod Gret a finne'n dal ar wahân, ry'n ni'n ffrindiau pennaf.

Y siom fwyaf oedd y siom yn fy hunan. Y siom i mi fethu. Ro'n i wedi bod yn fachan penderfynol erioed, yn un na wyddai beth oedd methiant. Rwy'n un sydd wedi ffynnu ar wynebu heriau erioed. Er i mi, ar adegau prin, gofio am y ddau gyfaill a yrrwyd i gyflawni hunanladdiad, nid hynny oedd yr ateb. Rhaid oedd wynebu bywyd er mwyn Gret, er mwyn Gari, er mwyn Ffion. Ac er mwyn profi rhywbeth i mi fy hun. Ro'n i'n benderfynol y gwnawn i eto, rywbryd, godi fy mhen yn uchel.

Fe ddysgais wers ddrud. Beth bynnag a ddywed neb am bethe'n gwella, fy ngwers fawr oedd peidio byth â gohirio gweithredu pan fo'r arwyddion yn ddrwg. Peidio â meddwl y daw popeth yn iawn yfory.

Ydi, mae gwersi fel hyn yn bethe anodd i'w

hwynebu. Ond mae ceisio datrys problemau cyn iddyn nhw droi'n argyfwng yn llawer haws na cheisio'u datrys wedi i'r argyfwng ddigwydd. Roedd gohirio troi'n gwmni cyfyngedig, er enghraifft, wedi profi i fod yn gam gwag. Ond ar y pryd roedd yna gymaint o fanteision mewn bod yn gwmni cyhoeddus. Er gwaethaf fy holl gamgymeriadau, petai rhywun yn gofyn i mi heddiw a ydw i'n difaru mynd i fusnes, yr ateb fyddai 'Na!' Fe fu'r siwrnai o fod mewn busnes yn un arbennig iawn. Mae rhai'n ddigon gwirion i feddwl i mi lwyddo i guddio asedau cyn i'r hwch fynd drwy'r siop. Trueni na fyddai hynny'n wir. Dydi'r amheuwyr a'r gwawdwyr ddim yn sylweddoli'r oriau maith o waith a fu y tu ôl i'r fenter, dim ond i mi ei cholli dros nos. O'i gymharu â'r gwaith, roedd y pres yn fach.

Y cam cyntaf ar y ffordd at hunan-barch oedd canfod lle i fyw. I ddechre, stafell unig a llwm mewn gwesty yn Aber oedd hwnnw. Fe fu'n rhaid i Gret hefyd chwilio am le iddi hi a Gari. Roedd Ffion yn Llundain. Fe fues i'n ffodus mewn un peth – doeddwn i ddim mewn dyled i fawr neb. Yn wir, fe wnaeth rhai ffrindiau fenthyca arian i mi fedru dygymod dros y misoedd cyntaf caled hynny. Mae hi wedi bod yn anodd byw. Ond, ar y llaw arall, mae hi wedi bod yn bleser byw. Rwy wedi callio llawer. Dwi ddim yn mynd bellach i fannau na fedra i fforddio mynd iddyn nhw. A dydw i ddim yn gweld eisiau'r dyddiau breision.

Mae Gari yn parhau'r math o fenter a gychwynnais i. Calondid arall oedd i mi lwyddo i ffeindio morgais i Ffion brynu tŷ yn Llundain cyn i'r fwyell ddisgyn. Ar y pryd, myfyrwraig yn Kingston upon Thames oedd hi yn dilyn cwrs cynllunio. Mae bywyd, felly, wedi bod yn dda i mi. Fe ges i'r profiad o fwrlwm y byd busnes a'i wneud fy ffordd fy hunan. Ac er na weithiodd y peth i mi, fe weithiodd drwy'r plant. Rwy'n holi fy hun yn aml, beth petawn i wedi bod mewn swydd naw tan bump? Beth petawn i wedi bod yn bostmon, yn weithiwr banc, yn weithiwr siop? A fyddwn i wedi llwyddo i roi'r plant ar ben ffordd gystal ag y gwnes i?

Gydol yr amser mewn busnes, wnes i ddim gollwng fy ngafael ar y byd pêl-droed. Ac o sylweddoli fy sefyllfa, daeth Cymdeithas Bêl-droed Cymru i'r adwy gan ddarparu gwaith i mi yma ac acw. Yn wir, rwy'n credu heddiw mai pêl-droed wnaeth fy nghadw i'n gall. Fe ddylai pawb gael rhyw ddiddordeb y tu allan i fusnes. A phêl-droed oedd fy niddordeb i. Ar ben hynny, gallaf frolio, er gwaethaf pawb a phopeth, na dreuliais i hyd yn oed ddiwrnod ar y dôl. Wnes i erioed gymryd dimai goch y delyn o goffrau'r wladwriaeth les. Beth bynnag oedd fy sefyllfa, wnes i ddim colli fy urddas. Doeddwn i ddim eisiau cardod.

Fe newidiodd fy myd yn llwyr. O'r adeg pan oedd gen i Jaguars, fe ddes i'n berchen ar hen Ford ail-law. Yr unig beth arall a'm cadwodd yn gall oedd parhad y cysylltiad teuluol. Fe wn i am rai yn fy sefyllfa a fyddai naill ai wedi cuddio'u hunain neu symud i ffwrdd i fyw. Ond fe wnes i aros yma a wynebu popeth. Ac er i mi ymdynghedu i ddiogelu'r wraig a'r plant, fe lwyddais i wneud hynny heb ymyrryd gormod ar eu bywyd. Yma yr oeddwn i'n byw. Yma y gwnes i ymladd fy mrwydrau. Ac yma y bydda i.

Yr eironi mawr oedd fy mod i nawr yn gweithio i Gari. Fe oedd fy nghyflogwr. Doedd hynny'n poeni dim arna i. Yn wir, gallaf edrych ar Gari a Ffion nid yn unig fel fy mhlant ond hefyd fel brawd a chwaer. Perthynas felly fu rhyngom erioed.

6

FE FU FY mhrofiad fel dyn busnes yn gymorth mawr i mi yn fy nghyfraniad at hyfforddiant a gweinyddiaeth pêl-droed. Roedd gen i brofiad o drin staff a thrin pobl. Mewn busnes roedd angen i mi barchu aelodau staff a chwsmeriaid fel ei gilydd. Mewn pêl-droed roedd gofyn i mi barchu chwaraewyr a pharchu cefnogwyr. Roedd yr un egwyddorion yn angenrheidiol yn y naill faes a'r llall.

Gydol fy ngyrfa mewn busnes do'n i ddim wedi gadael pêl-droed. Doedd gen i ddim mo'r amser i fod yn gymaint rhan o'r gêm ag oeddwn i cyn agor y Ganolfan Chwaraeon. Ond fe wnes i sylweddoli'n fuan iawn beth oedd anghenion gweinyddiaeth pêl-droed ac ro'n i wedi dechre dilyn gwahanol gyrsiau'r Gymdeithas Bêl-droed cyn i'r hwch fynd drwy'r siop.

Anghofia i byth eistedd yn gwylio gêm rhwng Ieuenctid Canolbarth Cymru ac Ieuenctid De Cymru. Yn gwmni i mi roedd Ieuan Griffith, neu Ieus, rheolwr tîm Cymru o dan ddeunaw. Roedd e'n athro yn Ysgol Llangefni. Fe ddes i'w adnabod drwy'r busnes gan y byddai'n gyfrifol am brynu nwyddau ar gyfer yr ysgol. Roedd e'n amlwg iawn hefyd yng ngweithgareddau'r Urdd.

Fe ddaeth y ddau ohonon ni'n ffrindiau mawr ac yn gyfeillion agos. Byddai'n aros gyda fi pan ddeuai i lawr i ardal Aber. Ar y diwrnod arbennig hwn yn yr eisteddle yn Rhaeadr Gwy, doedd y sefyllfa ddim yn addawol iawn. Hanner amser ac roedd hi'n bump i ddim i dîm y De a bechgyn y Canolbarth ar wasgar ym mhobman. Dyma fi'n dweud wrth Ieus ei bod hi'n chwalfa. Ei ateb annisgwyl oedd: 'Beth wyt ti'n mynd i'w wneud ynglŷn â'r sefyllfa? Rwyt ti'n hyfforddwr. Pam na wnei di rywbeth am y peth?'

Yn syth ar ôl y gêm fe wnes i gynnig fy hun fel hyfforddwr i Dîm Ieuenctid Cymdeithas Bêl-droed Canolbarth Cymru. Yn wir, fe gawson ni lwyddiant sylweddol. Fe gyrhaeddon ni rownd derfynol cystadleuaeth Cwpan Ieuenctid Cymru yn erbyn Cymdeithas Bêl-droed y Gogledd-Ddwyrain. Roedd y tîm hwnnw wedi ei greu o gwmpas clwb Wrecsam. Roedd y gêm i'w chwarae yn y Trallwng. Y noson cynt roedd un o'n bechgyn gorau ni'n chwarae i Gymru dan ddeunaw oed i fyny yn Glasgow. Fe wnes i yrru i fyny i wylio'r gêm honno a dod â'r llanc nôl gyda fi'r diwrnod wedyn. Roedd Gwynfor Edwards o Aber gyda ni hefyd. Roedd ei fab, Elfyn, ar lyfrau Wrecsam ac yn chwarae yn ein herbyn yn y ffeinal.

Yn rhyfeddol, fe enillon ni. Hwn oedd y tro cyntaf i'r Canolbarth ennill unrhyw beth. A hwn, i bob pwrpas, oedd y dechreuad i mi fel hyfforddwr llwyddiannus.

Ar ôl i mi roi'r gorau i chwarae gyda'r Bont ro'n i wedi ymuno ag eilyddion Aberystwyth ond wedi rhoi'r gorau i chwarae'n gymharol gynnar a mynd ar gyrsiau hyfforddi'r Gymdeithas Bêl-droed. Golygai hyn fynd ar wahanol gyrsiau gyda chyfle wedyn i ennill tystysgrif hyfforddi. Fe gymerodd y Cwrs Rhagarweiniol bedwar dydd Sul a phrawf i ddilyn. Ar ôl ennill y Bathodyn Rhagarweiniol roedd gen i wedyn yr hawl i weithio fel hyfforddwr swyddogol.

Roedd tuag ugain ohonon ni'n ceisio am y Bathodyn Rhagarweiniol. Y dasg ar y cwrs cyntaf oedd hyfforddi plant dan arweiniad Dai Phillips a Wynne Hughes, dau oedd yn ymwneud llawer â'r cwrs ieuenctid. Ar ôl cymhwyso ar gyfer y Bathodyn Rhagarweiniol roedd gen i hawl hefyd i fynd ymlaen i ymgyrraedd at Gwrs Llawn Bathodyn 'A'. Ddwy flynedd yn ddiweddarach fe wnes i sefyll y Cwrs Llawn, oedd yn cael ei redeg gan Mike Smith. Fe wnes i gwblhau hwnnw'n llwyddiannus ar y cynnig cyntaf gan ddod yn gymwys nawr i hyfforddi plant ac oedolion. Yn ardal Aberystwyth y cynhaliwyd y ddau gwrs.

Un o'r bechgyn mwyaf talentog a fu ar y Cwrs Llawn oedd Matthew Bishop. Tua deunaw oed oedd e ar y pryd, ac yn dechre dysgu sut i hyfforddi. Roedd e wedi treulio blwyddyn gyda Dinas Abertawe fel chwaraewr proffesiynol. O blith y criw cynnar hwnnw o 44, fe yw'r unig un sy'n dal i ymhél â phêl-droed. Fe fu e wedyn yn chwarae i mi dros Fangor cyn mynd ymlaen i fod yn Swyddog Datblygu Pêl-droed Ceredigion. Fe fu yng ngofal pêl-droed merched gydag Ymddiriedolaeth Bêl-droed Cymru ac yn ddiweddar fe'i gwahoddwyd i fod yn is-reolwr Aldershot.

Un arall a safodd allan yn ei gyfnod ar y cwrs hyfforddi oedd Osian Roberts. Roedd hi'n amlwg bod ganddo ddyfodol disglair iawn fel hyfforddwr. Fe brofodd ei hun allan yn America cyn cael ei benodi'n Swyddog Hyfforddi Môn. Yna fe'i cyflogwyd gan yr Ymddiriedolaeth fel Cyfarwyddwr Technegol a daeth yn aelod o dîm hyfforddi'r garfan genedlaethol. Osian yw'r gorau i mi gydweithio ag e.

Yn y cyfamser roedd Aber yn ardal ddelfrydol ar gyfer y fath gyrsiau, diolch i holl adnoddau'r

Brifysgol. Fe fu clybiau fel Chelsea, Middlesbrough a Wrecsam yn dod yma'n rheolaidd i ymarfer, gan wneud defnydd hefyd o'r trac rhedeg, y pwll nofio a'r twyni tywod yn Ynyslas. Hyd at ddechre'r nawdegau, Aber oedd y lle delfrydol i ddod iddo ar gyfer ymarfer, ar unrhyw lefel. Ond collodd Aber allan i ganolfannau eraill oedd yn rhatach, mewn gwledydd fel Sbaen lle'r oedd y tywydd yn fwy ffafriol.

Roedd hobi nawr, er fy mod i'n dal mewn busnes bryd hynny, yn troi'n waith. Yn wir, roedd yr hyfforddi, a olygai fy mod i'n cyfarfod â mwy a mwy o bobl o'r byd pêl-droed, yn help i'r busnes. Fel hyfforddwr fe fyddwn i hefyd yn hybu nwyddau o'r ganolfan.

Pan ddechreuodd timau o Gymdeithas Pêl-droed Lloegr ddod i Aber i ymarfer fe ddaeth yr ardal i sylw gohebwyr pêl-droed y papurau a'r cyfryngau. Ac roedd un dyn y des i'n ffrindiau mawr ag e yn gysylltiedig â chlybiau mawr Chelsea, Middlesbrough a Wrecsam, sef John Neal. Wedi gyrfa lwyddiannus fel cefnwr gyda chlybiau gan gynnwys Aston Villa, bu'n rheolwr Wrecsam o 1968 hyd 1977, Middlesbrough o 1977 hyd 1981 a Chelsea o 1981 hyd 1984.

Fe ddechreuais i roi tipyn o help i John yn Aber gyda Wrecsam i gychwyn. Doedd e ddim yn yfed alcohol, ar wahân i ambell lasied o siandi. Pêl-droed oedd ei fywyd. Fe fyddai'r ddau ohonon ni'n cwrdd bob nos Wener am glonc ac fe fyddwn i'n mynd gyda fe yn rheolaidd i gemau Wrecsam.

Pan gyfarfu Wrecsam ag Anderlecht yn 1976 ces wahoddiad i hedfan gyda'r tîm o faes awyr Lerpwl. Fe wnes i gyrraedd y maes awyr wedi fy ngwisgo'n hamddenol mewn jîns a chrys T. Yn y maes awyr roedd aelodau'r tîm a'r swyddogion oll mewn siwtiau a theis swyddogol y clwb. Ar yr awyren ro'n i'n siario sedd â Peter Jackson o'r *Daily Mail*. Dyma fi'n dweud wrtho fy mod i'n edrych ymlaen at gyrraedd y gwesty er mwyn cael newid i siwt. Roedd y clwb wedi llogi llawr cyfan yn y gwesty a phan gerddais i mewn i ginio yn fy siwt roedd pawb arall wedi newid i jîns a chrysau T.

Fe ofynnwyd i mi helpu gyda'r ymarfer cyn y gêm, ac yn ystod y gêm fe ges i eistedd yn y lloc rheoli gyda John Neal. Roedd y peth fel breuddwyd. Doeddwn i ddim yn gyfarwydd ag eistedd yn y fath le, felly pan fu bron i Wrecsam sgorio fe neidiais ar fy nhraed a tharo fy mhen yn galed yn erbyn y to. Ro'n i'n anymwybodol a bu'n rhaid i'r ymgeleddwr, George Showell, fy adfer drwy ddal potel fach o amonia dan fy nhrwyn.

Roedd hi'n gêm i'w chofio a'r awyrgylch cyn ac yn ystod y chwarae yn drydanol. Roedd Arfon Griffiths mor nerfus nes prin iddo ddod allan o'r tŷ bach mewn pryd ar gyfer y gic gyntaf. Collodd Wrecsam o un gôl i ddim yn unig ac roedd John mewn hwyliau da pan gyrhaeddon ni nôl i'r gwesty. Roedden ni'n bedwar o gwmpas y bwrdd – John, George Showell, perchennog y gwesty yn Wrecsam lle byddai'r chwaraewyr yn cwrdd cyn gemau, a finne. Wrth y bar roedd y cadeirydd a'r cyfarwyddwyr. Fe ddaeth y cadeirydd draw i longyfarch John. Ymateb John oedd dweud wrtho am fynd i'r diawl. 'Dos yn ôl at dy fêts a'ch siampên,' medde fe. 'Dwyt ti'n poeni dim am y chwaraewyr. Pam na wnei di fynd atyn nhw a'u llongyfarch?' Fe giliodd y cadeirydd yn ôl at y bar ac at ei fêts fel ci bach wedi'i chwipio. Roedd cymaint o gywilydd arno fe a'i gyd-swyddogion nes iddyn nhw gasglu arian i dalu am rownd i'r bechgyn. Fe aeth y cadeirydd i'w boced ac estyn £150 i Gareth Davies ac fe wnaeth hwnnw ei basio ymlaen i'r capten, Eddie May.

Yn y gêm gartref yn Wrecsam ro'n i gyda John drwy'r dydd. Yna ces eistedd wrth ei ymyl i fyny yn yr eisteddle – yn y fan honno y bydde fe bob amser mewn gemau cartref – a'r lle'n orlawn. Yn sydyn dyma neges dros yr uchelseinydd yn gofyn i Meirion Appleton fynd i'r stafell newid. Lawr â fi ac yno roedd Eddie May. Roedd e am i mi osod rhuban y capten am ei fraich. Fi oedd wedi gwneud hynny yn Anderlecht ac roedd e am i mi wneud yr un peth eto yn y gobaith y deuai hynny â lwc am yr eilwaith. Ar y ffordd adre dyma fi'n canmol fy lwc fy hun – bachan bach o Gapel Seion yn cael y fath freintiau! Gêm gyfartal oedd hi, ac fe aeth Anderlecht drwyddo. Ond wna i fyth anghofio'r ddwy gêm yna.

Erbyn hyn ro'n i gystal â bod yn rhan o Wrecsam. Fe wnes i gynrychioli'r clwb unwaith mewn gêm yn Filbert Street, cartref Leicester City. Roedd John Neal am i mi gadw golwg ar un o'r chwaraewyr. Anghofia i fyth gael mynd i stafell y bwrdd a gweld yr hen baneli pren ar y muriau ac enwau cewri'r clwb o'r gorffennol wedi eu cofnodi arnyn nhw.

Bryd arall roedd Ian McNeill, is-reolwr John Neal gyda Chelsea, wedi cael swydd fel rheolwr Bolton Wanderers. Fe ges i wahoddiad gan Ian i fynd i fyny i Burnden Park cyn iddyn nhw symud i Stadiwm Reebok. Yn wir, fe fues i yno droeon. Un tro roedd Nat Lofthouse yn stafell y bwrdd ac fe ges i sgwrs hir gydag e. Roedd Nat, wrth gwrs, yn un o gewri'r byd hwn ac yn rhan o hanes pêl-droed. Roedd e'n

ddyn hyfryd a diymhongar a finne'n cofio'i weld e ar
y teledu yn sgorio'r gôl ddadleuol honno a enillodd
Gwpan FA Lloegr i Bolton yn erbyn Manchester
United yn 1958.

Pan oedd yna gêm ddathlu yn Wrecsam i nodi rhyw
ddigwyddiad arbennig fe wnaeth John fy ngwahodd
gan ddweud wrtha i am ddod yn gynnar a galw gyda
fe yn y tŷ. Roedd ganddo ffrind yn galw, rhywun yr
oedd e am i mi ei gyfarfod. Wnaeth e ddim dweud
pwy. Fe gerddais i mewn a dyma Margaret, gwraig
John, yn dweud wrtha i am fynd yn fy mlaen i'r stafell
ffrynt. Yno roedd potelaid o siampên yn agored ar y
bwrdd. Doedd John, fel y dywedais, ddim yn yfed. Pwy
oedd yno ond neb llai na Malcolm Allison. Fedrwn
i'm credu fy llygaid. Roedd e'n un o ffigyrau amlycaf
y byd pêl-droed ar y pryd, a newydd ddychwelyd fel
rheolwr Manchester City. Roedd e'n enwog, wrth
gwrs, am ei hetiau mawr. Ond os oedd e'n gwisgo het,
wnâi e byth siarad drwyddi.

Fe aethon ni i'r gêm yng nghar John, a fi'n siario'r
sedd gefn gydag Allison. Fe amgylchynwyd y car gan
dorf ar unwaith wrth i ni gyrraedd. Fyny â ni i'r bar
a dyma Allison yn agor potel arall o siampên. Adeg
hanner amser dyma botel arall yn swyddfa John.
Ac yno dyma fe'n torri'r newydd y byddwn i'n mynd
allan gyda fe ar ôl y gêm. Ac allan yr aethon ni i glwb
nos. Gyda ni roedd Eddie May. Fe fu'n noson fawr ac
roedd Malcolm Allison yng nghanol pob sgwrs.

Beth amser yn ddiweddarach ro'n i yn Wembley
yn gwylio gêm derfynol Cwpan Lloegr – Arsenal yn
erbyn West Ham. Roedd Gari gyda fi a phwy oedd
wrth y bar ond Malcolm Allison. Dyma fe'n troi ataf
a dechre sgwrsio. Ar ddiwedd y gêm fe aeth â Gari

i'r stafell newid i gwrdd â chwaraewyr West Ham, ei hoff dîm.

Yna, mewn ychydig amser eto, dyma ddigwydd galw gyda ffrind mewn gwesty ym Manceinion. Wrth y bwrdd brecwast y bore wedyn roedd Malcolm Allison. Draw â fi i sgwrsio ag e. Fe wnaeth fy anwybyddu'n llwyr. Pan fu farw Allison fis Hydref 2010 fe lifodd yr atgofion yn ôl. Gallaf ddweud, diolch i John Neal a Wrecsam, i mi yfed mwy nag un potel o siampên gydag un o gewri'r byd pêl-droed, Malcolm Allison.

Drwy John Neal hefyd y gwnes i gyfarfod â Brian Clough. Fe ges i wahoddiad i ginio a drefnwyd gan Charles Roberts, un o'r cyfarwyddwyr, i anrhydeddu John yn Wrecsam. Roedd pawb wedi eu rhannu i eistedd ar fyrddau â chwech o westeion ar bob un ac fe roddwyd fi i eistedd ar yr un bwrdd â Clough. Fe fu'n hel atgofion drwy'r nos a ninne'n gwrando'n gegrwth. Fe gawson ni rai o'r cyfrinachau a'i gwnaeth e'n rheolwr mor llwyddiannus.

Un hanesyn oedd hwnnw amdano, ar ôl perfformiad tila gan y tîm un dydd Sadwrn, yn rhoi gorchymyn fore Llun i'r hyfforddwr weithio'r bechgyn yn anarferol o galed a'u rhedeg nes eu bod wedi ymlâdd. Yna, â phawb ar eu gliniau, dyma Brian yn cyrraedd ac yn dwrdio'r hyfforddwr yn gyhoeddus a dweud wrtho am beidio â gweithio'r bechgyn mor galed. Yna fe anfonodd y bechgyn adre. Drwy hynny fe enillodd ymddiriedaeth lwyr ei chwaraewyr. Dyna un enghraifft o'i seicoleg chwedlonol.

Yn wir, mor glòs oedd fy nghysylltiad â Wrecsam bryd hynny fel fy mod yn cael fy ystyried yn aelod o'r staff. Un o fy ffrindiau pennaf o blith y chwaraewyr oedd Mickey Evans o Gaersws a fyddai, yn nes ymlaen, yn cystadlu yn fy erbyn fel rheolwr un o dimau Uwch-gynghrair Cymru. Fe oedd un o arwyr y ddwy gêm yn erbyn Anderlecht. Fe fu ei fab wedyn yn serennu ar y cae pêl-droed, gan gynnwys dwy flynedd gydag Aston Villa. Diolch i'r cysylltiad â Wrecsam fe lwyddais i ddenu rhai o'u cyn-chwaraewyr yn nes ymlaen, yn eu plith Nicky Hencher.

Pan aeth John ymlaen i Middlesbrough ro'n i'n teimlo'n ddiflas iawn. Yn un peth, fe fyddai'n gwneud holl archebion Wrecsam drwy'r Ganolfan Chwaraeon. Fe lwyddais i gael Adidas i noddi Wrecsam, a thrwy John hefyd fe lwyddais i gael archeb oddi wrth Anderlecht am gyflenwadau o sanau pêl-droed. Cyn iddo adael am y clwb newydd yn yr hen Adran Gyntaf fe ffoniodd a gofyn i mi fynd i fyny i'w weld. Fe ddywedodd wrtha i mai hwnnw oedd y penderfyniad caletaf iddo orfod ei wneud erioed ond teimlai mai hwn fyddai ei gyfle olaf i gael dyrchafiad yn y byd pêl-droed. Yn wir, fe dorrodd y newydd wrtha i cyn dweud wrth y clwb. Petai wedi gwrthod, teimlai y câi ei gyhuddo o fod ag ofn y swydd. Pan ddywedodd wrtha i, fe dorrais i lawr a chrio.

Y tu allan, wrth i mi adael, gwelais George Showell yn sefyll yno. 'Meirion,' medde fe, 'ydi fe'n mynd?' Doedd e ddim wedi dweud wrth hwnnw hyd yn oed. Ddim wrth Joey Jones, ddim wrth Mickey Thomas, ddim hyd yn oed wrth Arfon Griffiths.

Yna dyma sioc fawr arall yn dod. Roedd e am i mi fynd i fyny gyda fe i Middlesbrough pan fyddai'n cyfarfod ag aelodau bwrdd y clwb. Fe es i, gan adael fy nghar yn ei gartref yn Wrecsam – lle mae e'n byw o hyd – a mynd ymlaen yn ei gwmni i Ayresome Park. Fe gawson ni letya yng ngwesty'r cadeirydd, Charles

Amer. Yn y gwesty hwnnw y ffilmiwyd llawer o *Boys from the Blackstuff*. Un fraich oedd gan Charles Amer ac roedd ganddo ddau gar Rolls Royce, un gwyn ac un du. Os byddai Middlesbrough yn ennill fe fyddai'n gyrru'r un gwyn. Os fydden nhw'n colli fe fyddai'n gyrru'r un du.

Fe aethon ni ymlaen wedyn i Ayresome Park a chael ein tywys o amgylch. Allan ar ganol y cae dyma John yn syllu o'i gwmpas a dweud, 'Dyma wahaniaeth!' Roedd y llain yn wych. Roedd rhai o gemau Cwpan y Byd 1966 wedi cael eu chwarae yno. Yna, yn sydyn, dyma'r pibelli dyfrio ar y cae yn dechre saethu dŵr dros y ddau ohonon ni. Y gŵr a drodd y dŵr ymlaen oedd Harold Shepherdson, cyn-hyfforddwr y tîm dan Jack Charlton, oedd newydd gael y sac. Oedd, roedd Harold wedi gobeithio cael y swydd ei hun.

Y noson honno gwahoddwyd John a finne i sioe gomedi yn y ddinas. Roedd ganddon ni focs arbennig ar y balconi. Dyma'r llifoleuadau yn disgyn arnon ni a llais dros yr uchelseinydd yn croesawu John Neal a'i ffrind o Gymru. Yna fe ddaeth rhyw gomedïwr lleol i'r llwyfan. Roedd pawb ond fi yn chwerthin yn braf. Fedrwn i ddim deall gair roedd e'n ei ddweud.

Ar ôl i John symud i'w swydd newydd, rwy'n cofio mynd i fyny un noson i weld Middlesbrough yn chwarae yn erbyn Lerpwl ac eistedd gyda Margaret, gwraig John. Roedd yn rhaid i Lerpwl ennill dwy gêm allan o'r chwech oedd yn weddill er mwyn sicrhau'r bencampwriaeth. Fe enillodd Middlesbrough o dair gôl i ddim.

Pan ddaeth John â Middlesbrough i lawr i ymarfer i Aber am y tro cyntaf rwy'n cofio bod y chwaraewyr yn lletya yn Neuadd Pantycelyn. Fe gyrhaeddodd y bws ac ro'n inne yno'n eu disgwyl. Prin y gallwn gredu fy llygaid wrth weld sêr fel Graeme Souness, Terry Cooper a David Armstrong yn camu allan – chwaraewyr oedd wedi ennill capiau. Fe aeth John a finne allan wedyn i weld yr adnoddau ac i drefnu ffurf yr ymarferion. Ar ôl dychwelyd fe ddeallon ni fod dau o'r chwaraewyr wedi gadael Pantycelyn ac wedi bwcio i mewn i westy'r Belle Vue. Y ddau oedd Souness a Stuart Boam, y capten. Dyma John yn gofyn i mi fynd i lawr i'r orsaf drenau i weld pryd fyddai'r trên nesaf yn gadael am Middlesbrough ac yna codi dau docyn un ffordd.

Yn y cyfamser fe ddaeth Souness a Boam yn ôl i Bantycelyn i ddweud nad oedden nhw'n golygu lletya mewn neuadd myfyrwyr. Roedden nhw'n gyfarwydd â lletya mewn gwestai pum seren ac roedden nhw'n fodlon mynd i'w pocedi eu hunain. 'Iawn,' medde John, 'ond os wnewch chi, fe fyddwch chi'n mynd adre ar y trên bore fory.' O fewn awr roedden nhw nôl ym Mhantycelyn.

Gyda Middlesbrough ar y pryd roedd Craig Johnston a aeth ymlaen i ymuno â Lerpwl. Roedd e'n ffansïo ei hun fel chwaraewr sboncen. Bryd hynny ro'n i'n dipyn o chwaraewr sboncen fy hun. Roedd John am weld torri crib Johnston felly dyma fe'n gofyn i mi fynd ag e i un o gyrtiau'r Ganolfan Chwaraeon ac, o flaen y chwaraewyr eraill, rhoi crasfa iddo. A dyna beth wnes i, a phawb o'r lleill yn chwerthin.

Pan symudodd John i Chelsea yn 1981 fe barhaodd â'i gysylltiad ag Aber drwy ddod â'r tîm hwnnw draw i ymarfer. Fe ddaeth â'r sêr i gyd, David Speedie a Pat Nevin yn eu plith. Roedd yna reol bod y chwaraewyr i fod yn ôl ym Mhantycelyn erbyn unarddeg bob nos. Ond roedd Speedie wedi ffansïo rhyw ferch lawr yn y dre. Fe ofynnodd a wnawn i ei smyglo allan am hanner nos a dod ag e nôl yn slei bach yn y bore. Ac fe wnes.

Yn wahanol i'r rheolwr, roedd cynorthwywr John, Ian McNeill, yn hoff o'i ddiferyn. Un noson fe es i allan gyda McNeill a gofyn iddo adael ei gar yn y dre wedyn yn hytrach na gyrru i fyny i Bantycelyn. Ond na, roedd yn rhaid iddo yrru. Fe'i stopiwyd gan yr heddlu a'i gyhuddo o yrru dan ddylanwad alcohol. Roedd e'n poeni y deuai John Neal i wybod. Dyma fi, felly, yn ffonio twrne arbennig yn y dre a gofyn am ei gymorth. Ar ddiwrnod yr achos fe yrrodd Ian i'r Amwythig ac fe wnes i ei godi yno. Fe gollodd ei drwydded am flwyddyn, ond fe lwyddais i gadw'r stori o'r papurau. Hyd heddiw, dyw John ddim yn gwybod am y digwyddiad. Petai e wedi dod i wybod byddai Ian, yn sicr, wedi colli ei swydd.

Pan ddaeth Chelsea i Aber y tro cyntaf rwy'n cofio'r chwaraewyr yn ymarfer drwy chwarae tenis pen. Doedden nhw ddim yn cymryd y peth o ddifrif, a dyma John yn dweud wrtha i ei fod wedi cael llond bol ar y *prima donnas*. Fe daflodd rai ohonyn nhw allan ac arwyddo yn eu lle gymeriadau fel Joey Jones a Mickey Thomas.

Y tro cyntaf hwnnw fe ddaeth John â chadeirydd y clwb i lawr gyda fe, sef yr enwog Ken Bates. Un bore fe wnaeth John ei adael yn fy ngofal. Fe wnes i fynd ag e am goffi i El Matador. Dyma fe'n dechre siarad â fi a dechre rhegi fel nafi. O ganlyniad fe ges i a fe ein taflu allan am regi, er na chroesodd unrhyw reg fy ngwefusau i. Fe arhosodd am wythnos ac roedd yn mwynhau ei Chablis. Un noson fe aeth e a chriw arall o glwb Chelsea allan am bryd i'r Boar's Head. O fewn awr roedd y lle wedi sychu o Chablis a bu'n rhaid gyrru am fwy.

Un dydd dyma John yn dweud wrtha i ei fod wedi arwyddo chwaraewr newydd. Gofynnodd i mi fynd i'r Amwythig i gwrdd ag e oddi ar y trên. Fe wnes. Y chwaraewr oedd neb llai na Kerry Dixon. Roedd e newydd adael clwb Reading. Y prynhawn hwnnw roedd pump ohonon ni'n eistedd yn ffenest flaen y Belle Vue – Ken Bates, John Neal, Kerry Dixon, John Hollins a finne. Y bore wedyn roedd tudalennau chwaraeon y wasg yn llawn o'r stori am Dixon yn ymuno â Chelsea.

Ganol yr wythdegau fe fu'n rhaid i John gael llawdriniaeth ar ei galon. Fe dreuliodd e'r wythnos gyda fi yn fy nghartref yn gwella ar ôl hynny. Roedd y chwaraewyr yn Aber ar y pryd, ond wydden nhw ddim bod John yn agos i'r lle. Fe wnes i ei yrru'n gyfrinachol i Flaendolau i wylio'r ymarfer o le dirgel y tu ôl i res o goed. O'n blaenau dyma ddau o'r chwaraewyr yn dechre ymladd. 'Da iawn,' medde John, 'dyna be dwi am ei weld.'

Mae John yn ddyn arbennig iawn. Yn anffodus, fe dorrodd ei briodas. Ond fe ailbriododd. Mae ei ferch o'r ail briodas wedi cynrychioli Cymru mewn athletau. Fe fu un o'i feibion yn gweithio gyda fi yn y busnes. Yn raddol fe wthiwyd John i fyny'r grisiau yn Chelsea. Doedd e ddim yn hoffi hynny ac fe adawodd. Yn anffodus, mae e'n dioddef o glefyd Alzheimer's erbyn hyn ond mae e'n dal i ffonio. Ac mae e'n dal i gredu fy mod i'n rhedeg y ganolfan. Ei gwestiwn cyntaf fydd 'Sut mae'r busnes?'

Mae fy nyled i Wrecsam ac i John Neal yn ddifesur. Drwy Wrecsam a John Neal y ces fy nghyflwyno i safon uwch o bêl-droed. Drwy Wrecsam a John Neal y ces fewnwelediad i'r gêm, o ran anghenion ar y cae ac oddi arno. Drwy Wrecsam a John Neal y gwnes i gyfarfod â llawer o gewri'r gêm, gan gynnwys yr anfarwol Bill Shankly. Fe gwrddais ag e yn y stafell newid ar y Cae Ras un noson pan oedd Wrecsam yn chwarae. Gofynnais iddo beth oedd e'n ei wneud yno. Gan nad oedd Lerpwl yn chwarae, meddai, roedd am wylio tîm arall oedd yn chwarae mewn coch.

A Wrecsam yw fy nhîm i o hyd. Mae Dean Saunders, y rheolwr presennol, wedi bod yma yn Aber yn hyfforddi, yn ogystal ag aelodau eraill o'r criw hyfforddi. Fis Hydref 2010 fe es i lawr i Gasnewydd i weld y tîm cartref yn chwarae yn erbyn Wrecsam. Roedd fy nheyrngarwch i Gasnewydd, drwy Matthew Bishop, a fu unwaith dan fy adain. Ond na, Wrecsam o'n i'n eu cefnogi. A Wrecsam y bydda i'n eu cefnogi am byth.

7

MAE FY NGYRFA fel rheolwr clwb yn mynd yn ôl i ddechre'r wythdegau. Ro'n i eisoes yn rheolwr Canolbarth Cymru pan ddaeth pwyllgor clwb Aberystwyth ata i a fy ngwahodd i fod yn rheolwr. Ar y pryd roedd y clwb yn gwneud yn dda yng Nghynghrair y Canolbarth dan Chris Brown, bachgen lleol. Roedd y prif strwythur bryd hynny yn cynnwys tair cynghrair – y De, y Gogledd a'r Canolbarth. A'r Canolbarth oedd y gryfaf o'r tair.

Yn wir, gallai Aber fod wedi ennill y bencampwriaeth yn nhymor 1979–80. Rwy'n cofio mynd i weld y gêm olaf i lawr yn Nhalgarth. Petaen nhw wedi ennill y gêm honno fe fydden nhw wedi cipio'r bencampwriaeth. Ro'n i eisoes wedi derbyn y gwahoddiad i olynu Chris. Ond petai Aber wedi ennill y gêm fe fyddwn wedi teimlo'n wael iawn fod Chris yn mynd i gael ei ddisodli gen i ac yntau wedi llwyddo. Roedd Chris a finne'n ffrindiau agos. Ond dyna beth yw pêl-droed; does dim sentiment yn perthyn i'r gêm, fel y gwnes i ganfod fy hun.

Fe fethais i gychwyn ar y paratoi ar gyfer dechre tymor 1981–2 gan fy mod i eisoes wedi addo mynd gyda thîm Coleg Prifysgol Cymru, Aberystwyth ar daith i Romania fel rheolwr. Roedd y rheolwr arferol, Wynne Hughes – un o gyn-chwaraewyr disglair Aber – yn methu mynd. Roedd Wynne wedi ei benodi yn gapten tîm golff oedd i deithio'r Unol Daleithiau ar y pryd. Felly gofynnodd i mi fynd yn ei le. Roedd Aber wedi ennill pencampwriaeth prifysgolion Prydain. Nhw felly oedd i gynrychioli Prydain ar y daith, a olygai chwarae tair gêm.

Roedd hon yn daith ddeng niwrnod gydag un ar bymtheg o chwaraewyr. Un o'r ychydig rai o blith y myfyrwyr ro'n i'n eu hadnabod cyn hynny oedd Michael Davies o Gastellnewydd Emlyn. Un arall oedd Dylan Jones o Dywyn sydd â'i fab bellach ar lyfrau Dinas Caerdydd. Fe gwrddon ni mewn gwesty yn Llundain. Ro'n i wedi dweud wrthyn nhw am wisgo coler a thei, hen arferiad rwy wedi mynnu glynu wrtho erioed. Mae angen dangos disgyblaeth yn ogystal ag ymddwyn yn ddisgybledig. Y bore wedyn dyma ni'n hedfan allan o Heathrow i Bucharest.

O Bucharest fe deithion ni ar drên i fyny i'r gogledd, taith o bron i wyth awr i'r ffin â'r Wcráin. Gyda ni roedd llywydd cymdeithas bêl-droed y wlad. Fe gawson ni gerbyd i ni'n hunain tra oedd gweddill y trên yn orlawn, gyda theithwyr yn hongian allan o'r ffenestri. Yn anffodus doedd yna ddim coridor. Pan oedden ni'n teimlo fel cael paned o de roedd yn rhaid neidio allan mewn gorsaf, rhedeg i fyny'r platffform ac yna rhedeg yn ôl gyda'n paneidiau.

Roedd cefn gwlad Romania bryd hynny'n edrych yn debyg i Gymru yn y pedwardegau. Roedd y ffermwyr i'w gweld yn torri ŷd â phladuriau ac yn defnyddio ceffylau. Roedd yno lawer o dlodi i'w weld. Yr Arlywydd bryd hynny, wrth gwrs, oedd Ceauşescu, a ddienyddiwyd ynghyd â'i wraig yn 1989. Roedd disgyblaeth yn llym yno. Doedd dim modd cael diod feddwol mewn unrhyw gaffi am mai pêl-droedwyr oedden ni, nid twristiaid. Roedd disgwyl i chwaraewyr ymatal rhag yfed alcohol. Yr unig ffordd allan ohoni fu prynu te mewn caffi ond perswadio'r gweinydd, am gildwrn, i lenwi ein tebotau â chwrw.

Yn y neuaddau preswyl lle'r oedden ni'n lletya roedd hi'n bwysig hefyd rhoi cildwrn i'r staff. Roedden ni wedi cael ein cynghori i fynd â llafnau rasel, sanau a phersawr gyda ni. Fe arhosodd y bechgyn tan ddiwedd yr ymweliad cyn cyflwyno'r rhoddion i'r staff. Fel hen ben fe wnes i roi'r rhoddion iddyn nhw ar y dechre gan sicrhau gwasanaeth tywysogaidd gydol yr ymweliad.

Wrth i ni deithio ar y bws i'r gêm gyntaf roedd y strydoedd yn orlawn o bobl yn cyrchu i'r un cyfeiriad. Ro'n i'n meddwl mai mynd i'r eglwys oedden nhw. Roedd hi'n ddydd Sul. Ond na, mynd i'r gêm oedden nhw. Yn wir, roedd torf o tua naw mil yno. Dyma ddeall wedyn i ni gael ein hysbysebu fel tîm oedd yn cynrychioli Lloegr. Jac yr Undeb oedd yn cyhwfan uwchben y maes. Fe gawson ni gêm dda gan ddod yn gyfartal gôl yr un yn erbyn y tîm lleol lled-broffesiynol. Yn y gôl fe gafodd Paddy Clare gêm i'w chofio.

Yn y derbyniad fe ges i a'r myfyriwr oedd yn fy nghynorthwyo lond bol o fodca tra oedd gweddill y criw allan yn y gwres llethol, eu cegau'n grimp. Roedd pawb yn dymuno'n dda i ni drwy weiddi rhywbeth fel 'Norok!' Fe ofynnodd un o'r Romaniaid i mi beth oedd y geiriau Cymraeg am ddymuno'n dda. Wnes i ddim dweud y gwir. Felly, pan wnaethon nhw godi i ddymuno llwncdestun dyma nhw i gyd yn bloeddio 'Bolocs!'

Fe gawson ni daith dda. Yn yr ail gêm fe gollon ni mewn gêm glòs. Yna, yn y gêm olaf i fyny yn y gogledd eithaf, fe enillon ni o gôl i ddim. Yn anffodus fe dorrodd un o'r chwaraewyr ei goes. Fe fu'n rhaid mynd â Donald Kane – cadeirydd Aber heddiw – i'r ysbyty.

Cyn i ni adael fe'n gwahoddwyd i siop anferth oedd wedi agor er ein mwyn ni'n unig. Hon oedd yn cyfateb i Harrods yn Llundain. Propaganda oedd hyn, wrth gwrs. Roedd yr holl staff wedi aros ar ôl yn hwyr ar ein cyfer.

Cyn i ni fynd ar y daith roedden ni wedi cysuro ein hunain trwy ddweud y bydden ni wedi gwneud yn dda i beidio â cholli pob gêm o fwy na chwech neu saith gôl. Felly, fe wnaethon ni'n hynod o dda. Roedd tîm o Fryste wedi cael crasfa y flwyddyn cynt.

Fe wnes i elwa'n fawr o'r daith. Fe lwyddais i wedyn i ddenu tua hanner dwsin o'r myfyrwyr i ymuno ag Aber, yn eu plith Donald Kane, Dylan Jones, Graham Moseley, Michael Davies a Pat Clare.

Buan y sylweddolais fod rheoli tîm fel Aber yn fwy anodd nag o'n i wedi ei ddychmygu. Roedd yna dimau cryf yn y gynghrair. Roedd tîm y coleg ei hun wedi curo Aber ddwywaith y tymor cynt. Dyna Lanidloes wedyn, Caersws dan Mickey Evans. A Thywyn oedd, fel Caersws, wedi denu bechgyn o Wrecsam dan reolaeth Graham Jones. Bu fy nhymor cyntaf fel rheolwr clwb, felly, yn fedydd tân.

Gweddol fu pethe o ran gemau cynghrair. Ond fe aethon ni'r holl ffordd yn un o'r cwpanau, sef Cwpan Canolbarth Cymru. Ro'n i'n teimlo fel Alex Ferguson yn Manchester United. Ennill cwpan wnaeth ei achub e. A bu'r un peth yn wir yn fy achos i. Fe lwyddon ni i ennill o un gôl i ddim yn erbyn y Trallwng, a hynny o flaen torf anferth yn Llanidloes. Hwn oedd y tro cyntaf i Aber ennill unrhyw beth ers chwe blynedd ar hugain.

Bydd rhai'n gofyn ai mantais neu anfantais oedd y ffaith fy mod i'n ddyn lleol wrth y llyw. Yr ateb, yn bendant, yw mantais. Ro'n i'n adnabod y bechgyn oedd yno eisoes. Ro'n i wedi dod i adnabod bechgyn y coleg. Y canlyniad oedd mai tîm lleol oedd gen i. Fe wnes i ddod â dau neu dri newydd i mewn i gryfhau'r garfan gan gynnwys Paul Hughes o Wrecsam. Un newydd arall oedd Marcus Groom a ddaeth o'r ochr draw i Glawdd Offa. Fe oedd yr un wnaeth sgorio'r gôl bwysig honno i ennill y cwpan.

Yn anffodus, roedd hwn yn gyfnod pan oedd nifer o chwaraewyr da yn dod i ben y dalar. Yn eu plith roedd David 'Dias' Williams a Tomi Morgan. Ac roedd gyrfa Wil Lloyd, i bob pwrpas, wedi dod i ben ar lefel uwch. Ond fe wnes i gyflwyno arferion newydd i'r clwb o'r dechre. Roedd y pwyslais ar hyfforddiant yn hytrach na ffitrwydd yn unig. Roedd hyn yn ddechre dadl gyda Tomi, ymhlith eraill, oedd yn amau oeddwn i'n gwneud y peth iawn. Roedd Tomi yn chwaraewr â sgiliau unigol anhygoel. Felly hefyd Dias. Ond ro'n i am iddyn nhw chwarae'n fwy fel aelodau o dîm. Ro'n i'n teimlo bod yr uned yn bwysicach nag unrhyw unigolyn. Hwyrach fod Comiwnyddiaeth Romania wedi dylanwadu arna i!

Ro'n i dan bwysau cyn un gêm arbennig yn erbyn Bryntirion, tîm o gynghrair is o ardal Pen-y-bont ar Ogwr. Rwy'n cofio ymbil ar Wil a Dias i ddod nôl i chwarae ar gyfer y gêm honno. Ac yn ystod y gêm fe sgorion nhw ill dau. Lan a lawr oedd pethe, adeg o newid ac ailstrwythuro. A'r broblem anoddaf oedd llwyddo i newid agwedd y chwaraewyr.

Yn y cyfamser ro'n i'n dal mewn busnes ac yn dal i fod â chysylltiadau cryf â Wrecsam. Ro'n i wedi rhoi'r gorau i hyfforddi tîm y Canolbarth gan na fedrwn i wneud y ddwy job. Roedd rheoli clwb Aber yn ddigon ond ro'n i'n dal i gynghori. Roedd gan fy swydd fel rheolwr Aber fanteision o ran busnes. Roedd hi'n dod â fi i gysylltiad â chwsmeriaid newydd. Roedd Gret, wrth gwrs, yn chwarae rhan flaenllaw yn rhedeg y busnes tra byddwn i'n ymwneud ag Aber.

Roedd gen i batrwm wythnosol sefydlog. Doedd dim llifoleuadau o gwmpas y llain bryd hynny felly'r arferiad fyddai ymarfer ddwywaith yr wythnos, bob nos Fawrth a nos Iau, mewn dull gwahanol i'r hyn ddaeth wedyn. Fel rhan o'r ymarfer fe fydden ni'n rhedeg i fyny i Benparcau, filltir i ffwrdd, ac yna'n ymarfer ar ben uchaf cae pêl-droed Penparcau gan fanteisio ar oleuadau'r stryd ac yna rhedeg y filltir yn ôl eto.

Un o'r problemau mwyaf oedd disgyblaeth. Roedd rhai o'r bechgyn yn dueddol o fwynhau eu hunain yn ormodol ar y nos Wener cyn y gêm ar ddydd Sadwrn. Roedd hwn yn un o'r arferion yr o'n i'n benderfynol o'i ddileu. Ond roedd hi'n anodd. Roedd e'n rhan o'u diwylliant, eu ffordd o fyw.

Yr enghraifft orau oedd Dave Humphreys, chwaraewr arbennig o ddawnus. Ar ben hynny roedd e'n gymeriad ac yn mwynhau byw bywyd i'r eithaf. Un noson fe ges i alwad ffôn gan un o gefnogwyr brwd Aber. Ei neges oedd iddo weld Dave, am hanner awr wedi pump ar brynhawn dydd Gwener, yn cerdded adre dros bont Trefechan yn feddw ar ôl bod yn yfed drwy'r prynhawn. Roedd e'n chwarae i Aber y pnawn wedyn. Ro'n i'n benderfynol y gwnawn ei newid. Ond doedd neb yn obeithiol iawn drosta i a dweud y gwir.

Ychydig wythnosau'n ddiweddarach ces wybod bod Dave wedi bod allan drwy'r nos. Fyny â fi i'r tŷ ac yno'r oedd e gyda'i ffrind, George Williams, un o gynchwaraewyr Aber. Roedd y ddau'n eistedd ar y llawr yn cyfrif eu harian ar ôl bod yn yfed. Roedd Dave yn drewi o gwrw a finne'n ei geryddu a'i atgoffa bod ganddo gêm yn erbyn y Drenewydd ymhen ychydig oriau. Dyma'r adeg pan gollais i Tomi Morgan, oedd wedi mynd i'r Drenewydd oherwydd nad oedd e'n cytuno â'r hyn o'n i'n ei wneud. Fe fu e'n golled anferth i Aber.

Fe es i â Dave i lawr gyda fi yn y car i'r Ganolfan Chwaraeon a'i redeg o gwmpas y cwrt sboncen fel y gallai chwysu'r cwrw allan. Yno y buon ni am awr. Wnes i ddim sôn wrth yr un o'r chwaraewyr eraill am y peth. Roedd Tomi yn chwarae ar yr asgell chwith yn erbyn cefnwr nad oedd yn rhyw gryf iawn. Fe wnes i, felly, gyfnewid y ddau gefnwr a gosod Dave i farcio Tomi. Fe gerddodd Tomi a Dave allan i'r cae gyda'i gilydd ac fe wyntodd Tomi y cwrw ar anadl Dave. O sylweddoli hynny fe roiodd Tomi amser caled iddo fe. Drwy hynny fe gollon ni'r gêm.

Ond fe wnes i ddyfalbarhau gyda Dave. Ac yn sydyn dyma fe'n newid ei ffordd gan addo na wnâi e byth eto fynd allan i yfed y noson cyn gêm. Yn raddol fe ddaeth yn un o chwaraewyr mwyaf allweddol y tîm.

Un pnawn Sadwrn roedd treial ar faes Aber, sef Gogledd Cymru yn erbyn y De, er mwyn dewis y tîm cenedlaethol (amatur gynt) i chwaraewyr nad oeddent yng Nghynghrair Lloegr. Fi oedd â gofal tîm y Gogledd. Roedd tîm y De un cefnwr yn brin. A dyma reolwr y De yn gofyn a fedrwn i ffeindio rhywun i lenwi'r bwlch. Fe feddyliais am Dave Humphreys. Roedd e allan yn rhedeg. Gadewais neges iddo ddod i lawr cyn gynted ag y medrai. Fe wnaeth ac fe gafodd gêm. Yn dilyn y treial dewiswyd dau o chwaraewyr Aber – Tomi Morgan, oedd wedi chwarae yn nhîm y Gogledd, a Dave Humphreys. Fe gafodd Dave gêm wych ac fe aeth ymlaen i ennill dau gap arall.

Yn y gêm gyntaf honno yn erbyn Lloegr y gwelais i'r gôl orau i mi ei gweld erioed – honno a sgoriwyd gan Tomi. Beth bynnag, fe ddaeth Dave yn un o bileri Aber. Roedd e'n gryf ac yn gadarn ond hefyd yn fedrus. Ac yn fachgen hyfryd. Pan fydda i'n edrych nôl ar fy ngyrfa bêl-droed fe fydda i'n gosod fy llwyddiant i achub gyrfa Dave Humphreys fel y gamp fwyaf i mi ei chyflawni erioed. Fe ddaeth Dave yn rhan annatod o'r clwb, a'i deulu hefyd. Er enghraifft, fe ddewison ni ei fab yn fasgot. A'r hyn sy'n hyfryd am Dave yw ei fod e'n dal i ddiolch i mi am newid ei fywyd. Ond fy ateb iddo bob tro yw: 'Nid fi newidiodd dy fywyd di. Pêl-droed wnaeth hynny.'

Fe dreuliais i saith mlynedd fel rheolwr Aber yn y cyfnod cyntaf o'r ddau y bûm yn y swydd. Yn ystod y cyfnod hwnnw fe enillon ni'r gynghrair a Chwpan Canolradd Cymru ddwywaith. Yn wir, yn ystod y saith mlynedd hynny fe enillon ni 13 o dlysau, bron i ddau bob tymor. Dim ond tuag ugain o dlysau mae Aber wedi eu hennill erioed ac fe fues i'n gyfrifol am ennill dros ddwsin ohonyn nhw. Fe enillon ni'r bencampwriaeth am y tro cyntaf ym mlwyddyn canmlwyddiant y clwb. Ac yn rhyfedd iawn fe enillodd clwb rygbi'r dre y bencampwriaeth yr un flwyddyn.

Yn ystod fy nghyfnod i roedd talu chwaraewyr yn

arfer cwbl agored ac yn rhywbeth digon cyffredin. Ond roedd hi'n dra gwahanol pan o'n i'n chwaraewr. Ddiwedd y chwedegau fe fu criw ohonon ni o Aber yn chwarae dros Dywyn. Hyd yn oed bryd hynny fe fedrwn i hawlio £15 y gêm ar y slei. Byddai Johnny Edwards, Alan Blair, Dai Edwards a finne'n mynd i fyny'n aml ar ddydd Sadwrn i chwarae. Bob Roberts oedd yn rhedeg y tîm, aelod blaenllaw o Gymdeithas Bêl-droed Cymru. Ar ôl y gêm fe fydden ni'n mynd i gaffi Bob am baned. A dan bob plât fe fyddai tâl.

Taliadau dan y bwrdd wnaeth arwain clwb Aber i drafferthion ariannol pan oedd Bryn Davies yn rheolwr yn hen ddyddiau Aber yng Nghynghrair Cymru. Ro'n i'n blentyn yn cefnogi Aber bryd hynny ond roedd y taliadau dan y bwrdd yn rhywbeth y gwyddai pawb amdanyn nhw. Erbyn diwedd y pumdegau roedd arian yn brin a dim ond y sêr – rhyw bedwar neu bump o'r chwaraewyr – oedd yn cael eu talu.

Fe fu sefyllfa ariannol clwb Aber mor wael ar un adeg nes i'r clwb orfod gadael y gynghrair. Cymerwyd ei le gan glwb Penparcau, i bob pwrpas, dan enw Aber yng Nghynghrair y Canolbarth. Roedd y ddau glwb yn parhau ar wahân ond fe ganiataodd clwb Penparcau i'w chwaraewyr arwyddo i Aber. Y piler y tu ôl i barhad y clwb oedd Dennis Pugh, a gadwai Siop y Don yn y dre. Fe oedd yr ysgrifennydd. Yn y siop y byddai pawb yn ymgasglu amser cinio. Yno y câi'r tîm ei ddewis ac yn ffenest y siop y câi enwau'r tîm eu harddangos. Dennis fu'n gyfrifol am droi'r tîm yn dîm lleol.

Fe aeth rhai o'r cefnogwyr ati i ailgodi'r clwb ar ei draed drwy ymgyrchoedd codi arian. Trefnwyd nifer o nosweithiau mawr gan gynnwys dawnsfeydd. Fe ddaeth bandiau byd-enwog fel un Humphrey Lyttelton yma. Erbyn fy nghyfnod i fel rheolwr, y clwb ei hun oedd yn codi'r mwyafrif helaeth o'r arian. Roedden ni'n ffodus iawn o ffyddlondeb y cefnogwyr a ddeuai drwy'r clwydi. Fe agoron ni glwb nos, cam pwysig iawn ymlaen. Fe fedra i gofio'r cadeirydd, Derrick Dawson, yn dweud rhywbeth allweddol iawn. 'Mae Aber yn glwb pêl-droed gyda chlwb nos, nid yn glwb nos gyda chlwb pêl-droed.' Ar hyd y blynyddoedd bu Derrick yn was da a ffyddlon i Aber, fel chwaraewr, cefnogwr, dyn pwyllgor a chadeirydd.

Oedden, roedden ni'n talu chwaraewyr a hynny'n agored. Ond ddim cymaint ag yr oedd rhai beirniaid yn ei feddwl. Fedra i ddim cofio talu neb fwy na hanner canpunt y gêm. Roedd e'n arian da ond ddim byd tebyg, yn ôl gwerth arian ar y pryd, i'r symiau oedd yn cael eu talu nôl ar ddiwedd y pumdegau.

Trwy ennill y cwpan yn y tymor cyntaf fe brofon ni fod yna dalent leol. Ac un o'r talentau amlycaf hynny, fel chwaraewr ac fel un oedd yn deall anghenion y clwb, oedd Dai, mab Dennis Pugh. Fe wnes i ddewis Dai yn gapten o'r dechre. Fe wnes i hynny nid fel teyrnged i'w dad ond am fod Dai yn deall yr hyn oedd gen i mewn golwg – fy amcanion, fy nghynlluniau ar gyfer y tîm. Roedd modd siarad ag e yn nhermau pêl-droed. Roedd e'n cymryd y gêm o ddifrif ac yn ddyn dwfn ei deimladau am ddifrifoldeb y gêm. Mae e'n dal felly heddiw.

Roedd y flwyddyn y cymerais i at yr awenau yn gyfnod o newid mawr i'r clwb. Yn 1984 fe aethon ni drwodd i rownd gynderfynol y Cwpan Canolradd. Fe deithiodd dros fil o gefnogwyr o Aber i Aberhonddu i'n gweld ni'n chwarae yn erbyn Cwmbrân. Roedd pob aelod, bron, o dîm Cwmbrân wedi chwarae dros Gasnewydd. Doedd hyd yn oed y cefnogwyr mwyaf brwd ddim yn obeithiol. Fe wnaethon ni eu chwalu nhw 6-1. Rwy'n cofio darllen y pennawd yn y *Western Mail* ar y bore dydd Llun: 'Aberystwyth on a different planet.'

Dyna'r unig gêm fedra i gofio pan wnaeth yr unarddeg oedd ar y cae chwarae y tu hwnt i'w gallu. Hon oedd y gêm berffaith, y gêm y bydd pob rheolwr yn gweddïo amdani ond byth, siawns, yn gweld ei gwireddu. Fe sgoriodd Tomi Morgan bedair gôl. Hon oedd un o'r wythnosau mwyaf yn hanes Tomi – sgorio pedair yn erbyn Cwmbrân ar y dydd Sadwrn a mynd i lawr yn syth i Gasnewydd i chwarae dros dîm Cymru ar y nos Fawrth ble sgoriodd e un o'r gôls gorau a welwyd erioed. Ac fe enillodd Cymru.

Roedd Tomi y math o chwaraewr nad oedd neb yn gwybod beth y byddai'n ei wneud nesaf. Ar adegau dwi ddim yn meddwl bod Tomi ei hun yn gwybod. Fel Phil Bennett ar y cae rygbi, roedd Tomi yn chwaraewr greddfol. Fedrwch chi ddim dysgu na hyfforddi'r fath chwaraewr. Mae e yn y gwaed. Fedrwch chi ddim gwneud dim byd mwy nag eistedd nôl ac edmygu.

O ran llwyddiannau'r tîm, mae'n debyg mai uchelfannau fy nghyfnod cyntaf fel rheolwr Aber fu ennill y Cwpan Canolradd ddwywaith. Fe wnaethon ni hynny ddwywaith yn Llanidloes, ddwywaith yn erbyn y Drenewydd. Roedden ni'n ffodus mai Canolbarth Cymru oedd y rhanbarth cryfaf yn y wlad ar y pryd o ran y clybiau y tu allan i Gynghrair Lloegr.

Rhaid cyfeirio at uchafbwynt arall. Roedd yna fachgen lleol yn chwarae i ni, Ken Williams. Ar ddiwedd pob gêm byddai Ken yn dod i mewn i'r stafell newid â'i wyneb yn crynu ar ôl ei ymdrechion ar y cae. Dim llai na chant y cant bob tro. Fedrwn i ddim credu nad oedd hwn wedi ennill ei gap. Roedd gen i dri oedd wedi ennill capiau – Tomi, Dave Humphreys a Paul Hughes. Ond doedd Ken ddim, er fy mod i'n un o'r tri dewiswr. Yn anffodus, mewn gemau treial doedd Ken byth ar ei orau. Doedd e ddim yn gyffyrddus ymhlith chwaraewyr dieithr.

Ymhen hir a hwyr fe gafodd Ken ei gap ac fe chwaraeodd yn erbyn Lloegr yn Cheltenham. Es i â'i rieni i lawr gyda fi yn y car. Ken oedd y chwaraewr gorau ar y cae. Rwy'n dal i fynd yn emosiynol pan fydda i'n edrych nôl ar y gêm honno. Fe ddaeth y dewiswyr eraill ata i ar ôl y gêm i ymddiheuro am beidio â dewis Ken cyn hynny.

Yn ystod fy nghyfnod cyntaf gydag Aber fe ges i brofiad diddorol iawn. Roedd Bwrdd Datblygu Canolbarth Cymru yn bodoli bryd hynny ac roedd ei bencadlys yn Aberystwyth. Un o'r prif swyddogion oedd Albanwr, Ian Skewis. Roedd e'n ffanatig am bêl-droed. Fe, drwy'r Bwrdd, fu'n gyfrifol am ddod â Phencampwriaeth Ian Rush i'r dre. Fe drefnodd Ian Skewis i dîm pêl-droed Clyde ddod i lawr o'r Alban i chwarae yn erbyn Aber a'r Drenewydd. Rheolwr Clyde oedd Craig Brown, a aeth ymlaen wedyn i reoli Preston North End, Motherwell ac Aberdeen, heb sôn am gael ei benodi i reoli tîm cenedlaethol yr Alban yn 1993. Yn chwarae dros Clyde roedd Pat Nevin, a chwaraeodd wedyn dros Chelsea ac Everton ac ennill 28 cap i'r Alban.

Fe enillodd Clyde yn erbyn y Drenewydd a threfnwyd y gêm yn erbyn Aber ar nos Wener. Fe enillon ni 1-0. Roedd hon yn gryn bluen yn ein het gan ddangos bod y lefel uchaf yng Nghymru lawn cystal â'r lefel uchaf yn yr Alban. Yn eironig, y sgoriwr oedd Donald Kane, ac yntau ei hun yn Albanwr.

Y noson honno roedd Craig yn awyddus i fynd allan i glwb nos. Doedd yna ddim clwb nos go iawn yn yr ardal felly fe es i ag e i glwb Asteroid, sef clwb maes carafannau ger Trefechan.

Tuag un o'r gloch y bore fe benderfynais i yrru adre, peth gwirion iawn i'w wneud dan yr amgylchiadau. O fewn chwarter milltir fe redodd y car mas o betrol a bu'n rhaid llogi tacsi i Craig a finne. Roedd e'n aros gyda fi yng Nghesail y Bryn ar dop y dre. Gyda ni roedd dau o swyddogion eraill clwb Clyde a dyma Gret yn paratoi brechdanau a finne'n agor poteli ar eu cyfer.

Wrth i ni sgwrsio yn oriau mân y bore dyma glywed sŵn mawr y tu allan, lleisiau uchel a chnocio ar y drws. Cyngor Craig oedd i anwybyddu'r peth. Ond na, dyma agor y drws. Yno y tu allan roedd tri Albanwr yn eu cilts wedi galw i gael llofnod Craig Brown. Sut gwydden nhw ei fod e yno, Duw yn unig a ŵyr. Ac yna dyma Gret yn eu gwahodd nhw i mewn i ymuno â ni. Fe anfonodd Craig lythyr hyfryd i mi ychydig wedyn yn diolch am bopeth.

Fe wnes i adael Aber dan amodau hapus. Ro'n i wedi rhoi saith mlynedd i'r clwb ac wedi cyflawni popeth fedrwn i. Teimlwn yn barod i wynebu her newydd. Fe ges i sawl cynnig gan glybiau eraill ond ro'n i am ailgydio mewn hyfforddi ar lefel genedlaethol a pharhau â'r busnes. Un oedd â diddordeb yn y swydd oedd Tomi Morgan. Rwy'n cofio Tomi yn galw yn y tŷ un dydd Sul a dweud bod ganddo fe awydd cynnig ei enw. Ond dyma fe'n dweud y bydde fe'n dal i chwarae ei hunan. Fe wnes i grybwyll y byddai hynny'n gosod llawer mwy o bwysau ar ei ysgwyddau. Fy nghyngor oedd iddo beidio â chwarae a rheoli. Ond roedd e'n hyderus y gallai gyflawni'r ddwy ddyletswydd. A dyma fe'n ychwanegu geiriau a wnaeth fy nghythruddo. Fe ddywedodd y byddai e'n rhoi mwy i'w chwarae nag y gwnaethai cynt.

Fe wnes i wylltio. A oedd hynny'n golygu nad oedd e wedi rhoi o'i orau i mi? Fe sylweddolodd iddo gymryd cam gwag. Ond er i Tomi a finne anghytuno droeon, mae gen i'r parch mwyaf posibl ato o hyd – fel chwaraewr, fel hyfforddwr ac fel dyn.

8

Yn 1991 gwelwyd y datblygiad mwyaf yn hanes pêl-droed yng Nghymru pan gychwynnwyd Cynghrair Cymru, a ddaeth wedyn yn Uwch-gynghrair Cymru. Baban Alun Evans, Ysgrifennydd dadleuol Cymdeithas Bêl-droed Cymru, oedd y corff newydd.

Cymru, ar y pryd, oedd bron yr unig genedl yn y byd heb gynghrair genedlaethol. Roedd Alun am wneud iawn am hyn. Gwelai hefyd arwyddion pendant fod FIFA yn ystyried – nid am y tro cyntaf na'r tro olaf – creu un tîm pêl-droed Prydeinig, symudiad a fyddai'n arwain at dîm Cymru yn cael ei lyncu gan yr Alban, Gogledd Iwerddon ac, yn bennaf, Lloegr.

Cododd bygythiad cryf i syniadau Alun o fewn Cymru ei hun, gydag wyth o glybiau'n ymwrthod â'r strwythur. Ond Alun enillodd y dydd ac yn raddol ymunodd pump o'r clybiau gwrthwynebus â'r gyfundrefn.

Ro'n i gant y cant y tu ôl i syniad Alun. Roedd llawer yn ei erbyn. Yn wir, mae llawer yn ei erbyn o hyd, rhai ohonynt yn gysylltiedig â Chymdeithas Bêl-droed Cymru. Gallaf ddeall yr ofnau. Y prif bryder oedd y byddai safonau'n disgyn. Un o'r manteision mawr oedd y byddai'r gyfundrefn newydd yn agor y drws i Ewrop.

Dal i dorri ei dannedd mae'r Uwch-gynghrair. Rhaid i ni gofio ei bod hi'n dal yn ifanc, ond eisoes fe welwyd gwelliannau anferth ar y cae ac o ran adnoddau a chyfleusterau. Fe arweiniodd sefydlu'r Uwch-gynghrair at well cyhoeddusrwydd yn y wasg ac ar y radio a'r teledu a dim ond gwella fedr pethe. Yr hyn sy'n ddiffygiol ar hyn o bryd yw cydnabyddiaeth leol. Mae'r gefnogaeth yn wan. Does dim digon yn mynd drwy'r clwydi. Heb gyfartaledd o fil o gefnogwyr y gêm fe fydd hi'n anodd. Os yw Cymru yn genedl yna mae bodolaeth Uwch-gynghrair genedlaethol yn holl bwysig. Mae angen i ni ymfalchïo yn ein sefydliadau cenedlaethol gan gynnwys Uwch-gynghrair Bêl-droed Cymru.

Pan lansiwyd y gynghrair newydd fe ges i fy nhemtio i ddod yn ôl fel rheolwr un o'r timau. Yn wir, bu bron iawn â digwydd ar y cychwyn cyntaf. Yn nhymor cyntaf y trefniant newydd doedd Llanidloes ddim ond wedi ennill un o'u deuddeg gêm gyntaf. A dyma Byron Hughes, y cadeirydd, yn gofyn i mi a fyddwn i'n barod i ddod draw i gynorthwyo'r hyfforddwr, Les Dixon, fel rheolwr. Ac yntau'n fachan o Gaerdydd, roedd gan Les enw da iawn fel hyfforddwr. Fe gytunais ac fe fu bron iawn i ni lwyddo i aros i fyny. Fe arhosais am ychydig y tymor wedyn. Ond roedd fy mryd ar fod – os yn rheolwr o gwbl – yn y gynghrair genedlaethol.

Pan o'n i gyda Llanidloes fe fu digwyddiad trist iawn. Ro'n i i fyny yn Llundain ar fusnes pan ges i alwad ffôn oddi wrth Gret. Fe ddywedodd wrtha i am barcio'r car achos fod ganddi newyddion drwg. Y peth cyntaf ddaeth i'm meddwl i, wrth gwrs, oedd bod un o'r plant yn sâl neu fod rhywbeth gwaeth wedi digwydd hyd yn oed. Neges Gret oedd bod Les Dixon wedi disgyn yn farw ar gwrs golff yn Nhrefyclo. Fedrwn i'm credu'r peth. Roedden ni'n hen ffrindiau. Roedd Les yn smygwr mawr, ond yn rhyfedd iawn roedd e wedi rhoi'r gorau iddi wythnos yn gynharach. Ac fe fwytodd bryd o fwyd cyn y gêm, rhywbeth na wnâi byth fel arfer. Dim ond 49 oed oedd Les.

Ar ôl gadael Aber y tro cyntaf, a hynny ar delerau hapus iawn, fe wnes i ganolbwyntio mwy ar y busnes. Roeddwn i wedi bod yn gyfrifol am saith tymor mwyaf llwyddiannus y clwb erioed, ar y cae ac o ran y sefyllfa ariannol. Ro'n i nawr am orffwys ar fy rhwyfau. Fe ddaeth mwy o gyfle hefyd i mi weld gemau a chymdeithasu. Dyma pryd wnes i ddechre mynychu gemau rygbi rhyngwladol. Nid fy mod i'n ddyn rygbi. Dim ond un gêm sydd yna i mi. Ond roedd hyn yn ffordd o genhadu gan roi cyhoeddusrwydd i'r busnes ac ennill cwsmeriaid newydd. Fe drodd y Ganolfan Chwaraeon yn Aber i fod yn fan cyfarfod i rai o sêr y byd rygbi fel Barry John, Phil Bennett, Allan Martin a Clive Rowlands. Fe rybuddiais nhw yn erbyn dechre mentrau tebyg. Yr hyn ddaeth yn gyffredin rhyngddyn nhw oll oedd i'w busnesau nhw fethu. Fe orlifwyd y farchnad chwaraeon, a hynny yn y pen draw yn cyfrannu tuag at ladd fy musnes i fy hunan.

Ar ôl tua chwe mis roedd yr hen awydd i gymryd at awenau clwb yn dechre cosi unwaith eto. Tomi oedd rheolwr Aber o hyd. Fe wnaeth e'n dda yn y tymhorau cyntaf. Ond ar ôl chwe thymor fe gollodd ei swydd. Roedd Tomi yn brwydro i gadw'r clwb yn y gynghrair pan ofynnwyd i mi ailgymryd at yr awenau. Cael a chael fu hi i aros i fyny. Oni bai i ni ennill ein gêm olaf ym Maesteg fe fydden ni wedi disgyn. Roedd dros gant o gefnogwyr wedi teithio i lawr i'r gêm dyngedfennol honno. Ar ddiwedd y gêm roedd y bechgyn yn y stafell newid yn crio.

Fe ges i groeso mawr yn ôl. Yr un bobl oedd wrth y llyw. Ond fe welais ar unwaith fod mwy o arian wedi dod i mewn i'r clwb. Yn wir, roedd angen mwy o arian i fodoli yn yr Uwch-gynghrair. Roedd cyflogau wedi codi yn un peth. Ond doedd fy nghyflog i ddim wedi codi'r un geiniog. Wnes i erioed ennill mwy na hanner canpunt yr wythnos gydag Aber. Yn aml iawn fe fyddai'r swm hwnnw'n mynd ar unwaith ar ddiodydd dros y bar i'r chwaraewyr ar ôl gêm. I mi, nid yr arian oedd yn bwysig ond cariad at y clwb ac at bêl-droed.

Pan wnes i ailgychwyn y peth cyntaf wnes i ei sylweddoli oedd bod angen chwaraewyr newydd. Fe wnes i ddenu dau chwaraewr o Gaerdydd. Yna fe wnes i arwyddo Gavin Allen. Roedd ei frawd hŷn, Malcolm, mewn swydd weinyddol ar y pryd yng ngogledd Cymru a thrwyddo fe y gwnes i ddenu Gavin o Stockport.

Cam pwysig arall fu denu Mark Aizlewood, cyn-chwaraewr Leeds United, Bradford City, Bristol City, Caerdydd a Merthyr Tudful. Roedd e'n symudiad mawr a gafodd gryn sylw gan y cyfryngau. Am ryw reswm, ni chafodd groeso mawr gan rai yn Aber. Un o'r prif resymau iddo ddod i Aber oedd ei fod e'n dysgu Cymraeg ac am ddod i ardal lle'r oedd yr iaith yn gryf. Fe aeth ymlaen i ennill gwobr Dysgwr y Flwyddyn, wrth gwrs. Ei hyfforddwr ieithyddol oedd John Albert Evans, cefnogwr mawr i Ddinas Caerdydd.

Lawn mor bwysig â denu chwaraewyr newydd oedd yr angen i gadw'n pennau uwchlaw'r dŵr yn ariannol. Roedd angen noddwyr. Yn ystod fy ail gyfnod fe ddaeth Cambrian Tyres i'r adwy. Mae denu noddwyr yn holl bwysig. Ond mae angen sicrhau nad yw noddwr yn rhoi mwy na'i arian i'r clwb. Ni ddylai gael yr hawl i wneud penderfyniadau. Ni ddylai gael unrhyw ran mewn dewis y tîm nac mewn dewis pa chwaraewyr y dylid eu prynu. Mae Cambrian Tyres wedi cyfrannu miloedd dros y blynyddoedd ac yn dal i wneud hynny.

Erbyn fy mhedwerydd tymor roedd pethe nôl ar y trywydd iawn. Roedd ganddon ni garfan gref. Fe lwyddon ni i ddenu yn ôl fechgyn fel Andy Evans a werthwyd i Barnsley wedyn am £10,000. Yr adeg honno roedd gen i saith o chwaraewyr oedd wedi cynrychioli Cymru dan 21.

Mae rhai'n credu bod clybiau fel Aber wedi bod yn taflu arian at chwaraewyr. Ond roedd Aber yn bodoli ar gyllid o tua £1,500 yr wythnos, ac roedd hwn yn swm uchel i'w godi o wythnos i wythnos. Roedd y cadeirydd ar y pryd, Derrick Dawson, yn fachgen hirben, cyn-chwaraewr gyda'r clwb a gwas da a ffyddlon. Fe ddaeth criw bychan at ei gilydd i ffurfio consortiwm i godi arian. Galwyd cyfarfod ac roedd y lle'n orlawn. Fe gyhoeddwyd bod pedwar o bobl o dde Cymru yn mynd i ddod i hybu'r clwb yn ariannol. Y gwir amdani oedd mai pedwar lleol oedden nhw – fy mab Gari, Rhun Owens, Donald Kane, a benodwyd yn gadeirydd, a Dai Evans o'r Caprice. Fe dynnodd Gari allan wedyn oherwydd cysylltiad personol gan mai fi, ei dad, oedd y rheolwr. Cymerwyd ei le gan Tony Brauer. Un o'r camau cyntaf fu troi'r clwb yn gwmni cyfyngedig.

Fe wnaethon nhw gwrdd yn swyddogol yn swyddfa cyfreithiwr y clwb, Tony Bates, a phenderfynu mynd â'r maen i'r wal. Un o'r camau cyntaf fu denu'n ôl chwaraewyr oedd wedi gadael Aber i chwarae i'r Drenewydd – Kevin Morrison, Aneurin Thomas a Jonathan Williams yn eu plith. Ro'n i wedi arwyddo Morrison yn fy nghyfnod cyntaf. Roedd e'n byw yn Nhrefaldwyn ond er mai Albanwr oedd e ro'n i wedi ei weld yn chwarae dros ysgolion Cymru pan oedd e yn Ysgol y Trallwng.

Mor benderfynol o'n i o sicrhau ei lofnod nes i mi fynd i fyny i Drefaldwyn a pharcio'r car o fewn golwg i'w dŷ er mwyn i mi allu ei weld pan ddeuai adre o ble bynnag yr oedd ar y pryd. Yn wir, roedd dau reolwr arall wedi dod i'r ardal i geisio ei arwyddo. Fe wnes i aros yno am dridiau nes i mi, o'r diwedd, ei weld yn cyrraedd.

Oeddwn, ro'n i wedi penderfynu o'r cychwyn fy mod i'n mynd i fachu hwn. O'r holl chwaraewyr arwyddais i, fe fyddwn i'n dweud mai hwn oedd y gorau oll. Fe wnes i ei werthu ar un adeg i Wolverhampton Wanderers am £10,000. Doedd e ddim yn hapus pan dorrais i'r newydd iddo.

Roedd e a'i gariad yn gweithio yn y Ganolfan Chwaraeon ac fe awgrymais i y dylai hi fynd gyda fe i Wolverhampton. Fe wnes i hefyd eu sicrhau, petai pethe ddim yn gweithio'n iawn, y caen nhw eu swyddi'n ôl. Fe aeth y ddau i Wolverhampton. Dim ond am bythefnos yr arhosodd Kevin. Doedd e ddim yn mwynhau ei hun yno. Fe fydde fe wedi mynd ymhell fel chwaraewr proffesiynol. Ar y cae welais i ddim chwaraewr tebyg. Ond pan ddeuai'n fater o ymarfer roedd e'n ddiffygiol iawn.

Nid Kevin oedd y cyntaf na'r olaf i mi roi gwaith a llety iddo. Roedd hi'n holl bwysig fod y bechgyn ifainc hyn oedd yn dod i Aber yn teimlo'n gartrefol. Rwy'n

gredwr cryf mewn annog chwaraewyr i gymdeithasu.
Yn aml iawn, yn y rhelyw o glybiau, bydd chwaraewyr
yn gwahanu ar ddiwedd gêm ac yna ddim yn gweld
ei gilydd am wythnos. Ro'n i'n benderfynol o gael
y garfan gyfan i fyw o fewn cylch o ddeng milltir i
Aber.

Un arall wnes i ei ddenu yn ystod fy ail gyfnod
oedd Glyndwr Hughes o Bontrhydfendigaid. Roedd
ei dad, Wil John, a finne wedi chwarae gyda'n gilydd
i dîm y Bont. Dyma enghraifft dda o fachgen lleol a
ddringodd ei ffordd o gynghrair y Mini Minors. Fel
ei dad, fe redai Glyndwr drwy wal frics er mwyn
y tîm. Fe aeth ymlaen i ennill ei gap cenedlaethol.
Roedd e'n casáu agwedd dechnegol y gêm. Ond roedd
ganddo fe'r ddawn angenrheidiol, y ddawn i drin pêl
yn naturiol.

Un arall a fu'n chwarae dros y Bont ac a chwaraeodd
wedyn dros Aber oedd fy mab fy hun, Gari. Yn wir, fe
gawson ni ein taflu allan o un gystadleuaeth ar ôl i
mi roi enw Aled Morris ar y ffurflen yn lle enw Gari,
oedd heb arwyddo. Fe aeth rhywun at y Gymdeithas
Bêl-droed â'r stori. Ac fe wn i pwy.

Nawr, gyda chymysgedd o chwaraewyr lleol a
mewnddyfodiaid, roedd gen i seiliau cryf ar gyfer tîm
llwyddiannus. Fe ddringon ni i blith y tri uchaf. Yna
fe chwaraeon ni gêm gwpan i fyny yn y Drenewydd.
Gêm Cwpan y Canolbarth oedd hi, y lleiaf pwysig o'r
cwpanau, ac fe wnes i gynnwys nifer o chwaraewyr
ifainc. A do, fe gollon ni.

Fe aethon ni i fyny i Gaernarfon wedyn, ac er
i ni chwarae'n dda fe gollon ni. Yn y gêm nesaf yn
Aber fe gollon ni'n drwm ac yn annisgwyl yn erbyn
Caersws, 5-0. Dyna pryd y ces i deimlad fod yna

sibrydion annifyr ymhlith rhai o'r cefnogwyr. Fe wnes i synhwyro arwyddion o hynny ar y ffordd adre ar y bws o Gaernarfon. Roedd hi'n dod yn amlwg fod yna rywbeth yn y gwynt.

Ar y nos Wener wedi i ni golli i Gaersws fe ddywedais i wrth Mickey Evans, rheolwr clwb yr ymwelwyr, fy mod i newydd fod yng ngofal fy ngêm olaf. Wfftio'r syniad wnaeth hwnnw. Wedi'r cyfan, roedden ni'n drydydd yn y tabl. Ond yn wir, dyma neges yn dod yn gofyn i mi gwrdd â'r prif swyddogion y bore canlynol. Am ddeg o'r gloch y bore ro'n i ym mar K2, sef tafarn y cadeirydd, Donald Kane. Gydag e roedd David Evans, yr is-gadeirydd. Ac yno y dywedwyd wrtha i na fyddai fy angen i mwyach. Wnaethon nhw ddim datgelu unrhyw reswm dros eu penderfyniad ond daeth yn amlwg i mi fod hyn wedi ei benderfynu wythnosau'n gynharach. Hwn oedd y cyfle cyntaf gawson nhw fel esgus dros gael gwared arna i. Yn anffodus, wnaeth y clwb ddim gwella yn y cyfamser. Tuag yn ôl mae e wedi mynd.

Fe es i adre mewn sioc. Am bum niwrnod wnes i'm gadael y tŷ. Fe dderbyniais i lu o alwadau ffôn yn cydymdeimlo. Gwahoddwyd fi i lawr i Gaerdydd i gael fy holi ar *Gôl* gan Ian Gwyn Hughes. Roedd hi'n stori a gafodd gryn sylw.

Y ffaith fod Donald Kane wedi gwthio'r gyllell i fy nghefn oedd yr ergyd waethaf. Yn dilyn y daith honno yn Romania roedd e wedi bod fel ail fab i mi. Cafodd gartref ar fy aelwyd, am gyfnod o wythnosau i ddechre, tra oedd ei goes yn gwella. Trodd yr wythnosau yn dair blynedd a hanner. Fe wnes i roi gwaith iddo fel rheolwr y bar yn y ganolfan nes iddo ddod ar ei draed ac agor ei far ei hunan. Roedd e'n rhan o'r teulu. Adeg y Nadolig byddai'n cael yr hyn y byddai fy mab Gari yn ei gael. Yn wir, anaml y byddai e'n dychwelyd adre i'r Alban fyth. Roedd yn well ganddo aros gyda fi. Byddai'n cael dod gyda ni fel teulu i bob parti, pob digwyddiad.

Nid y ffaith iddo roi'r sac i mi oedd y siom fwyaf, mae'n debyg, ond iddo roi'r argraff ei fod yn mwynhau cael gwneud hynny. Roedd e'n gwybod faint y byddai hyn yn fy mrifo. Roedd clwb Aber yn golygu popeth i mi. Ar wahân i wneud rhywbeth drwg i fy nheulu, fedre fe ddim gwneud unrhyw beth gwaeth i fy mrifo.

Ar ôl dod dros y siom gychwynnol fe wnes i'r peth anghywir. Rwy'n deall hynny nawr. Fe wnes i droi'n gas at Donald. Yn waeth na dim, fe wnes i droi'n gas at y clwb. Mae siom yn medru troi'n surni. Rwy'n cofio John Mahoney yn fy ffonio i gydymdeimlo gan ofyn i ble'r oedd y gêm yn mynd os fedrwn i, o bawb, gael y sac. Roedden ni'n drydydd yn y tabl. Ac rwy'n sicr y bydden ni, erbyn diwedd y tymor canlynol, wedi mynd ymlaen i ennill y bencampwriaeth.

Ro'n i wedi rhoi pum mlynedd galed i'r clwb – deuddeg mlynedd rhwng y ddau gyfnod – i gael cic yn fy nhin yn wobr. Fe wnes i brofi nad oedd colli'r busnes yn nes ymlaen, hyd yn oed, yn brifo mwy na cholli fy swydd fel rheolwr Aber – rhywbeth a fu'n freuddwyd ers pan o'n i'n blentyn. Ergyd i'r ymennydd fu colli'r busnes. Ergyd i'r ego. Roedd colli fy swydd fel rheolwr yn gyllell i'r galon.

Yr unig beth oedd yn cymharu â'r boen a'r gwewyr oedd fy mhenderfyniad i wahanu oddi wrth Gret pan wnaed fi'n fethdalwr. Roedd yna reswm dros hynny. Ar ôl i'r busnes fynd i'r wal ro'n i'n benderfynol na wnawn i ei llusgo hi a'r plant i lawr hefyd. Rhaid oedd torri'n gwbl rydd. Do, fe wnaeth llawer o ferched fynd a dod ar hyd y blynyddoedd. Ond dim ond un ferch sydd wedi cyfrif erioed yn fy mywyd, a Gret yw honno. Pan benderfynais i adael, bod yn greulon er mwyn bod yn garedig wnes i. Anwadalwch y byd busnes wnaeth gostio i mi fy mywoliaeth. Bradwriaeth gostiodd i mi fy swydd fel rheolwr Aber.

Fe aeth dwy flynedd heibio cyn i mi dorri gair wedyn â Donald Kane. Ond fedrwn i mo'r help. Mae cael eich bradychu gan elyn yn ddigon drwg. Ond pan mae'r bradwr yn fab i chi, i bob pwrpas, mae'n gwneud y weithred ganwaith gwaeth.

Do, fe wnes i gamgymeriadau tra oeddwn i'n rheolwr. Rwy'n cofio Tony Bates, cyfreithiwr y clwb ar y pryd, yn gofyn i mi beth oedd fy marn am Donald Kane. Ac wrth i ni drafod dyma Tony yn dweud nad oedd e'n credu bod Donald yn ddigon blaengar nac yn ddigon o bersonoliaeth i fod yn gadeirydd. A dyma fe'n gofyn a oedd gen i rywun mewn golwg a allai gymryd ei le. Roedd gen i ffrind agos, Phil Evans, dyn busnes blaenllaw yn yr ardal, a dyma fi'n awgrymu enw hwnnw. Ar awgrym Tony fe wnes i gynnig y syniad i Phil. Ond aeth y peth ddim pellach. Un dydd roedd Phil yn cael paned gyda Dai Evans a dyma Phil yn dweud wrth hwnnw fy mod wedi gofyn iddo fod yn gadeirydd y clwb. Fe aeth y stori nôl at Donald, wrth gwrs. Yn wir, un nos Wener – a ninne'n trafod y gêm oedd i'w chwarae drannoeth – fe gododd y pwnc. A dyma sylweddoli i mi fynd ati'r ffordd anghywir. Mae'n amlwg fod fy nyddiau fel rheolwr Aber wedi eu rhifo o hynny ymlaen.

Rwy wedi bod yn fachan emosiynol erioed ac am hydoedd do'n i ddim am gael fy ngweld yn y dre.

Ro'n i'n hunandosturiol. Ro'n i'n teimlo bod pawb yn edrych arna i fel y bachan gollodd ei swydd. Pan ddeuai dydd Sadwrn yn ei dro, a finne'n cicio fy sodlau, fy nymuniad oedd i Aber golli. Neu, yn hytrach, i'r rheolwr golli. Ro'n i fel pelican yn yr anialwch. Fe wnes i wrthod gwahoddiad ar ôl gwahoddiad i fynd allan am beint. Fedrwn i ddim wynebu neb ac roedd y casineb yn fy nifetha. Ro'n i'n gwbl rwystredig. Teimlwn fod gen i gymaint i'w gynnig. Do'n i ddim wedi edrych ymlaen at yfory ond yn hytrach at y tymor nesaf a'r tymor wedyn. Roedd y darnau bron iawn i gyd yn eu lle. Roedden ni'n chwarae i'r patrwm ro'n i wedi breuddwydio amdano, y patrwm wnes i ei osod yn ystod fy nghyfnod cyntaf wrth y llyw. Dyma beth oedd boddi wrth ymyl y lan.

Yr hyn na wyddwn i oedd bod gan y pwyllgor o bedwar rywun mewn golwg i gymryd fy lle. Roedd hwnnw, Barry Powell – oedd wedi bod ar lyfrau Wolverhampton Wanderers, Derby County a Coventry – wedi bod ar y rhestr fer pan gynigiwyd y swydd i mi'r eildro. Wythnos yn ddiweddarach roedd e yn y swydd. Yn ffodus iddo fe, roedd y gemau oedd yn weddill yn rhai gweddol hawdd ac fe aeth Aber i mewn i Ewrop. Roedd y gwaith caled eisoes wedi ei wneud cyn i Powell gyrraedd.

Fe ddeallais i wedyn nad oedd un o'r pedwar cyfarwyddwr, Rhun Owens, yn ymwybodol o'r cynllwyn. Yn wir, fe wnes i dderbyn llythyr oddi wrtho'n cydymdeimlo ac yn ymddiheuro am y ffordd y ces fy nhrin. Bu Rhun yn gyfaill da i glwb Aber a phan fu farw ychydig flynyddoedd yn ôl gadawodd swm sylweddol i'r clwb yn ei ewyllys.

Yn ystod y cyfnod hwn fe ddysgais i wers bwysig.

Roedd y clwb wedi troi ei gefn arna i a finne wedi troi'n gas at y clwb. Ond dyma sylweddoli wedyn gymaint o bobl oedd yn caru'r clwb. Dim ond dau neu dri oedd wedi fy ngwrthod. Roedd yna lawer mwy yn dal yn gefnogol i mi. Wnaeth casáu'r clwb, a chasáu Donald Kane, ddim lles i mi. Mae surni'n eich bwyta o'r tu mewn. Petawn i'n cael ddoe yn ôl fe fyddwn wedi derbyn fy niswyddiad fel rhan o'r byd pêl-droed. Petai Aber i lawr tua gwaelodion y tabl fe fyddwn wedi derbyn y penderfyniad yn llawer haws. Ond fe wnes i, yn raddol, ddysgu maddau. Rwy'n cofio'r noson pan estynnodd Donald Kane ei law i mi. Ac fe wnes i ei derbyn. Fe aeth y ddau ohonon ni i fyny am beint i dafarn yr Angel, ond stori arall yw honno.

Ar ôl cyfnod isel iawn yn fy hanes, fe ddechreuais ailgydio yn llinynnau fy mywyd. Ystyriais i erioed roi'r ffidil yn y to. Roedd Mark Aizlewood wedi cynnig swydd i mi yn ail iddo yng Nghwmbrân. Ac fe ddaeth amryw o gynigion eraill. Yn y diwedd fe aeth y demtasiwn yn rhy gryf. Fe dderbyniais, un diwrnod, alwad o Fangor a dyna gychwyn ar antur anhygoel arall.

9

O FEWN WYTHNOSAU i mi golli fy swydd gydag Aber fe dderbyniais gais i fod yn rheolwr ar glwb Dinas Bangor. Yn wir, roedd galwad Bangor yn un o nifer. Ond roedd statws y clwb yn ddigon i mi ystyried y gwahoddiad o ddifrif. Roedd – ac mae – Dinas Bangor yn glwb anferth. Ers ei sefydlu ym Maes y Dref, Hirael yn 1876 a symud i Ffordd Farrar yn 1919 mae gan y clwb record wych yng Nghymru ac yn Ewrop.

Pan ddaeth yr alwad ffôn, felly, roedd hi'n gryn sioc. Fe wnes i yrru i fyny i gyfarfod â'r prif swyddogion. Ar ddiwedd y cyfarfod, cynigiwyd y swydd i mi ac fe greodd y digwyddiad gryn gynnwrf yn y wasg ac ar y cyfryngau chwaraeon. Fe fu galw arna i am ddyddiau i esbonio fy mhenderfyniad.

Fy rhagflaenydd oedd Lee Williams, sy'n dal i chwarae fel golwr i'r Drenewydd ac yntau dros ei ddeugain oed. Roedd wedi cael rhediad digon gwael a phenderfynwyd y byddai'n rhaid iddo fynd. Bywyd felly yw bywyd y rheolwr pêl-droed. Mae cyfle un yn dibynnu ar fethiant rhywun arall.

Un anfantais oedd yn fy wynebu oedd y teithio. Golygai yrru i fyny ddwywaith yr wythnos ar gyfer ymarfer, a theithio ar ben hynny i ble bynnag y byddai'r gêm ar ddydd Sadwrn neu ganol wythnos. Ro'n i ar y ffordd byth a hefyd. Yn y cyfamser ro'n i'n dal mewn busnes ond bod Gari yn dechre cymryd at yr awenau.

Roedd y garfan yn ymarfer bryd hynny yng nghyffiniau Lerpwl, a hynny oherwydd mai o Lannau Mersi y deuai bron pawb o'r chwaraewyr. Roedd hyn yn arfer ro'n i'n awyddus i'w newid ar unwaith, er nad oedd hynny'n plesio'r Sgowsers. Ond ro'n i am greu ymdeimlad o glwb lleol. Os mai ym Mangor oedd y clwb, ym Mangor hefyd y byddai'r sesiynau ymarfer.

Ro'n i'n benderfynol hefyd o ddenu mwy o fechgyn lleol. Cam arall wnes i ei gymryd yn fuan iawn fu penodi Terry Boyle fel is-reolwr. Ro'n i'n adnabod Terry, oedd yn Swyddog Datblygu Pêl-droed yng Ngwynedd, ers blynyddoedd ac roedd gen i feddwl uchel iawn ohono. Roedd e wedi bod yn amddiffynnwr canol cadarn ac yn daclwr caled oedd wedi chwarae dros Spurs, Crystal Palace, Casnewydd, Dinas Caerdydd, Bristol City, Abertawe a'r Barri.

Wrth gwrs, roedd angen cadw cydbwysedd. Ochr yn ochr â bechgyn lleol talentog roedd angen hen bennau. Nid chwilio am chwaraewyr da yn unig oedd yn bwysig ond canfod rhai oedd o fewn cyrraedd ar hyd coridor yr A55. A dyma gychwyn perthynas â Manchester United. Fe wnes i arwyddo tri oedd â chysylltiadau â'r clwb. Un ohonyn nhw oedd Clive Brown, brawd Wes Brown o United. Fel ei frawd, amddiffynnwr canol oedd Clive. Fe fyddai wedi bod yn llwyddiannus iawn oni bai iddo roi mwy o'i amser i gerddoriaeth nag a wnâi i bêl-droed. Roedd e'n gweithio fel DJ ac fe fyddwn i'n aml yn gorfod ei nôl o ryw glwb nos neu'i gilydd am bump o'r gloch y bore ac yntau'n chwarae'r prynhawn wedyn.

Yr enw mwyaf i mi ei arwyddo oedd Clayton Blackmore a gychwynnodd gydag United fel prentis a mynd ymlaen i ennill medalau ymhob cystadleuaeth o bwys. Fe ddes i'w adnabod pan o'n i'n rheolwr ar dîm amatur Cymru ac fe chwaraeodd yn erbyn tîm oedd yn cynrychioli chwaraewyr y byd ar Barc Ninian. Roedd hyn yn rhan o bencampwriaeth a gâi ei hadnabod fel y Cymru Cup. Clayton oedd y chwaraewr ieuengaf yn y gêm honno. Fe enillodd Cymru 1-0 a'r sgoriwr oedd Michael Davies o Gastellnewydd Emlyn a fyddai wedyn yn dod yn aelod o dîm Aber dan fy ngofal. Ar ôl iddo adael United fe aeth Clayton i Middlesbrough ac yna i Barnsley a Notts County cyn i mi ei arwyddo. Fe fu wedyn yn rheolwr ar Fangor cyn gorffen ei yrfa gyda'i glwb cartref, Neath Athletic. Roedd Clayton yn gwbl broffesiynol ei agwedd, yn barod i wrando bob amser. Roedd e'n wych yn y stafell newid.

Fe ges i gryn gyhoeddusrwydd pan wnes i arwyddo Rhodri Giggs, brawd bach Ryan. Drwy Mike Smith, un o gefnogwyr Dinas Bangor, y ces i enw Rhodri. Mae Rhodri yn fachgen hyfryd er iddo fynd i drafferthion gyda'r gyfraith a threulio cyfnod mewn carchar. Mae gorfod byw yng nghysgod ei frawd mawr wedi cael effaith arno. Yn wir, am gyfnod fe fu'n galw'i hun yn Rhodri Jones rhag i bobl ei gysylltu â Ryan. Roedd e'n chwaraewr da yng nghanol y cae ac roedd ganddo'r gallu i sgorio gôls. Yn aml iawn byddai ei fam yn dod i'w wylio'n chwarae. Byddai'n dweud wrtha i'n aml ei bod hi'n bwysig ei bod hi'n rhoi'r un sylw i'r ddau.

Erbyn hyn, wrth gwrs, achoswyd hollt rhwng y ddau oherwydd misdimanyrs honedig ei frawd hŷn. Mae hyn wedi bod yn drasiedi deuluol. Roedd Rhodri yn ystyried Ryan yn arwr ac yn aml iawn Ryan fyddai'n ei helpu i oresgyn ei broblemau personol. Wn i ddim mo'r stori'n llawn, ond mae gen i drueni drosto. Roedd gorfod byw yng nghysgod Ryan yn faich digon trwm heb i hyn ddigwydd.

Fe fyddai gan Rhodri gar newydd gwahanol bob wythnos. Cael eu benthyg oedd e – ceir yr oedd cwmnïau'n eu benthyca'n wreiddiol i Ryan fel ceir prawf. Ond roedd e'n fachan unig yn y bôn, bachan ansicr. Mae e'n dal yn rheolwr-chwaraewr i Salford City.

Fe welais i Ryan Giggs yn chwarae gyntaf mewn gêm brawf ar gyfer tîm ysgolion Cymru o dan 16 ym Mlaendolau yn Aberystwyth. Fe'i gyrrwyd yno gan Nobby Stiles. Aeth e'n syth o'r car i'r cae ac ar ddiwedd y gêm fe aeth yn ôl i'r car heb fod ar gyfyl y stafell newid. Enillodd ei dîm 7-0. Sgoriodd e ddim, ond fe wnaeth greu pob gôl. Yn anffodus fe aeth ymlaen i chwarae dros ysgolion Lloegr cyn penderfynu chwarae dros Gymru ar y lefel uchaf.

Flynyddoedd wedyn roedd ffrind i mi, Gerallt Davies, mewn gwesty ym Mro Morgannwg yn trafod busnes gyda'r chwaraewr rygbi Iestyn Harris. Yno hefyd roedd carfan bêl-droed Cymru. Fe ofynnodd Ryan i Gerallt o ble'r oedd e'n dod. Pan atebodd 'Aberystwyth' dyma Ryan yn dweud wrth Gerallt, 'Mae'n rhaid dy fod ti felly'n adnabod Appy.' Pan glywais i hynny ro'n i'n teimlo braidd yn falch.

Ar ôl i mi arwyddo tri oedd â chysylltiadau â Manchester United fe ges i gyfweliad ar Radio 5 o Old Trafford am y berthynas. Rwy'n cofio hefyd mynd i fyny i Old Trafford i weld gêm dysteb Bobby Charlton yng nghwmni ffrind agos, Dai Whitney, un o sêr Aberystwyth yn y chwedegau. Y stori fawr y tu ôl i'r gêm honno rhwng United a Celtic oedd bod George Best wedi gwrthod chwarae am nad oedd e a Charlton yn ffrindiau. Doedd ganddon ni ddim tocynnau ac roedden ni ymhlith tuag ugain mil arall y tu allan oedd yn yr un sefyllfa â ni. Pwy gerddodd heibio ond Pat Crerand, un o enwau chwedlonol United. Pan welodd e fi dyma fe'n gofyn beth o'n i'n ei wneud yn y ciw. Fe wnes i esbonio nad oedd ganddon ni docynnau. Ro'n i wedi cwrdd â Pat fel rheolwr pan chwaraeodd tîm ieuenctid United yn erbyn tîm ieuenctid Aber. Fe wnaeth Pat arwain Dai a finne i'r bocs lle'r oedd gwragedd y chwaraewyr yn eistedd.

Ro'n i'n ymwybodol fod rheoli Bangor yn her anferth. Roedd e'n glwb uchelgeisiol oedd newydd benodi prif weithredwr newydd, cyn-swyddog yn y fyddin. Roedd Martyn Maund wedi dod â syniadau mawr gyda fe. Roedd e am sefydlu tîm ieuenctid a thîm merched. Ac roedd e am greu sefyllfa fwy tryloyw rhwng y bwrdd a'r cefnogwyr. Bwriadau da ond addewidion gwag a gafwyd ganddo. Fe fu'r ddau ohonon ni benben o'r dechre.

Fe wnes i gwrdd â'r Major, fel y câi ei alw, mewn gwesty yn Wrecsam tuag wythnos ar ôl i mi gael fy mhenodi. Roedd ei bencadlys yn Llundain a'i frol oedd iddo redeg timau pêl-droed yn y fyddin. Roedd e'n dweud y gwir. Ond dyma ganfod wedyn mai timau merched y bu e'n eu rhedeg yn y fyddin. Yn wir, roedd gan Fangor dîm merched llwyddiannus bryd hynny ac roedd y Major am ddod â'r tîm yn swyddogol dan adain clwb Dinas Bangor. Fe gwrddon nhw â Merched Arsenal yng Nghwpan Merched Lloegr ac roedd y Major am i chwaraewyr a swyddogion tîm y dynion fynd i fyny i Lundain i gefnogi'r merched. Fe gollodd Merched Bangor yn rhacs.

Syniad arall a gafwyd ganddo oedd i'r merched ymarfer gyda'r dynion. Ro'n i'n ffyrnig yn erbyn y syniad ond fe gafodd ei ffordd. Yn yr ymarfer cymysg cyntaf fe dorrodd un o'r merched ei braich. Anaf cwbl ddiangen.

Yn ariannol roedd y clwb mewn strach. Wnes i ddim sylweddoli hynny pan dderbyniais i'r swydd. Ond, yn aml, roedd cael arian i dalu'r chwaraewyr fel cael gwaed o garreg. Diolch byth am Gwyn Pierce Owen, neu Mr Bangor fel y câi ei adnabod. Fe aeth yn aml i'w boced ei hun. Mae e'n ddyn anghyffredin iawn ac mae pêl-droed yn rhedeg yn ei waed. Mae pobl fel Gwyn yn brin iawn. Fe welais i ei orau.

Yn ystod fy nhymor cyntaf fel rheolwr fe gollodd Gwyn ei fam. Fe es i i'r angladd ac ar fy ffordd adre fe dderbyniais alwad gan un o'r cyfarwyddwyr yn gofyn i mi alw i'w weld. Roedd e'n cadw garej a phan gyrhaeddais yno dyma fe'n fy hysbysu i mi gael y sac. Penderfyniad y Major oedd hyn. Adre â fi'n benisel. Dyna lle'r o'n i, newydd fod yn angladd mam y dyn oedd yn gonglfaen clwb Dinas Bangor, ac wedi cael y sac yn gwbl ddirybudd. Ond pan glywodd Gwyn am y penderfyniad fe berswadiodd y bwrdd i fy ailbenodi ar unwaith.

Diolch i Gwyn ac eraill, fe lwyddais i newid holl strwythur y clwb gan ddenu chwaraewyr da. Roedd yna dalent anhygoel yn lleol ond doedd y bechgyn hyn ddim wedi cael y cyfle.

Fe ddechreuon ni'n dda gan guro Caersws ar eu tomen eu hunain 5-2 yn y gêm gyntaf. Yna collwyd pum gêm cyn i ni fynd ar rediad anhygoel o ennill

13 gêm a chael un gêm gyfartal allan o 14. Fe wnes
i ennill gwobr Rheolwr y Mis deirgwaith yn olynol,
camp na chafodd ei hailadrodd. Yna dyma ni'n cael
rhediad gwael o 11 gêm heb ennill. I fynd ymlaen
i chwarae am Gwpan yr Uwch-gynghrair roedd
gofyn ein bod ni'n gorffen yn yr wyth cyntaf o leiaf.
Doedd hyn, felly, ddim yn ddigon da. Yn y diwedd fe
orffennon ni'n nawfed. Ond fe gawson ni rediad da yn
y ddau gwpan.

Yng Nghwpan y Cynghrair roedden ni wedi cyrraedd
y rownd derfynol yn erbyn y Barri. Yn eironig iawn,
yn Aberystwyth oedd hi. Roedd hi'n bluen yn ein cap
cael cyfarfod â thîm fel y Barri mewn gêm derfynol.
Y canlyniad? Fe gollon ni 6-0! Yr un peth cadarnhaol
oedd y gefnogaeth. Roedd dros fil o gefnogwyr Bangor
wedi teithio i lawr.

Y Sul wedyn, lai nag wythnos wedi'r chwalfa,
roedden ni'n cwrdd â Chwmbrân yn Wrecsam yn
rownd derfynol Cwpan Cymru. Y dydd Sadwrn cynt
ro'n i wedi trefnu i'r tîm a'r swyddogion letya yng
ngwesty'r Marine yn Aberystwyth. Roedd pawb mewn
coler a thei, pawb yn ddestlus ac wedi treulio'r nos
mewn man cysurus. Ar fore'r gêm fe aethon ni allan
am dro ar hyd y prom. Roedd pawb wedi gorffwys yn
dda, gorff ac enaid. Paratoi perffaith. Fe gychwynnodd
y gêm ac o fewn deng munud roedden ni dair gôl ar
ei hôl hi.

Ar gyfer y gêm yn Wrecsam, felly, fe ddywedais
i wrth Terry fy mod i am gael dwy sesiwn ymarfer.
Ond ni fyddai ffws fel y bu yn Aber. Fe fydden ni'n
cwrdd yn Wrecsam, pawb i ddod eu ffordd eu hunain.
Ro'n i am wneud y paratoadau'n gwbl wahanol i rai'r
wythnos cynt.

Fe wnes i, er mwyn rhoi llonydd llwyr i'r bechgyn, aros mewn gwesty y tu allan i Wrecsam. Am bump o'r gloch y bore dyma'r ffôn yn canu. Pwy oedd yn ffonio ond Mark Aizlewood, rheolwr a chwaraewr Cwmbrân a chyn-chwaraewr i mi yn Aber. Ei neges oedd i mi beidio â phoeni gormod. Dim ond gêm oedd hi wedi'r cyfan. Ei fwriad, wrth gwrs, oedd fy nihuno a gwneud i mi gynhyrfu.

Fe gwrddais â'r bechgyn cyn y gêm. Er gwaethaf y grasfa yn erbyn y Barri, fe wyddwn i fod gen i dîm da gan gynnwys Gavin Allen. Ac fe chwaraeon ni'n wych. Fe fethon ni gic o'r smotyn. Wedyn dyma ni'n sgorio. Y sgoriwr oedd Paul Roberts. Ac fe enillon ni 1-0. Fe aeth hi'n noson fawr gyda dros fil o gefnogwyr Bangor yn dathlu. Ond fe wrthododd Mark Aizlewood fynd ymlaen i dderbyn ei fedal. Roedd e wedi bod yn gwbl hyderus na fedrai e a'i dîm golli. Wedi'r cyfan, bythefnos cyn hynny roedden ni wedi colli 5-2 yn erbyn Cwmbrân.

Fe siomodd agwedd Mark fi'n fawr. Cyn hynny, roedden ni'n ffrindiau mawr. Ond fe gymerodd amser hir cyn iddo siarad â fi wedyn. Ar noson y gêm fe arhosais yn Wrecsam. Fe aethon ni o gwmpas y dre o far i far, y cwpan gyda ni. Roedd ennill y cwpan ar y Cae Ras yn Wrecsam, o bob man, yn golygu llawer iawn i mi. Pan ganodd y chwiban olaf fe aeth y cyfan yn niwl. Yr unig wyneb fedrwn i ei adnabod oedd wyneb Gari, fy mab fy hunan, yn yr eisteddle. Roedd yr emosiwn yn anhygoel. Yn wir, wyddwn i ddim cyn hynny fod Gari yno.

Ond y cefnogwyr sy'n mynnu aros yn y cof. Cefnogwyr Dinas Bangor, heb amheuaeth, yw'r gorau yng Nghynghrair Cymru. Maen nhw'n swnllyd, yn deyrngar i'r clwb ac yn fodlon dilyn eu tîm drwy ddŵr a thân. Profiad arbennig oedd bod yn bresennol yn y gêm ddarbi rhwng Bangor a Chaernarfon. Roedd hi fel bod mewn rhyfel.

Fe wnes i dreulio dau dymor gyda Bangor. Ar ôl llwyddiant yn y cwpan yn y tymor cyntaf roedd atgyfnerthu'n bwysig nawr. Roedd ganddon ni gêm Ewropeaidd yn erbyn Halmstad o Sweden ar y Cae Ras ac fe gollon ni 7-0. Roedd hi drosodd, felly, cyn i ni fynd allan i chwarae'r ail gymal. Rwy'n cofio'u gweld nhw'n ymarfer ar gyfer y gêm ar y Cae Ras a Terry Boyle yn dweud nad oedd fawr ddim gwahaniaeth rhwng eu dull nhw o ymarfer a'n dull ni. Ond na, roedd hi'n amlwg fod ganddon ni dalcen caled o'n blaen. Er gwaethaf hynny, fe aeth dros ddau gant o gefnogwyr Bangor i Halmstad. Fe gollon ni o bedair gôl.

Yn y cyfamser roedd y Major yn dechre anesmwytho unwaith eto. Y tymor cynt, a ninne wedi mynd 14 gêm heb golli, fi oedd y rheolwr gorau yn y bydysawd yn ei farn e. Ond fe newidiodd ei feddwl yn fuan pan ddechreuon ni golli. Fe wnaeth fy ngwahodd i draw i Lundain i drafod, ar fy nghost fy hunan. Yno fe ddywedodd ei fod e'n ystyried cymryd at y sesiynau ymarfer. Doedd e ddim yn meddwl bod Terry a finne'n ddigon da. Fe gafodd gyfle i gymryd at un sesiwn. Welodd neb y fath anhrefn erioed. Roedd y chwaraewyr oll yn edrych ar ei gilydd. Fedren nhw ddim credu'r peth. Roedd e'n ceisio rhedeg sesiwn ymarfer fel petai e'n Sarjant Major yng nghanol criw o filwyr ar parêd.

Roedd y Major yn fwy o rwystr nag o gymorth. Roedd e wedi rhoi'r sac i mi am yr eildro a ninne ar rediad Cwpan Cymru y tymor cynt. Nawr roedden ni'n paratoi ar gyfer rownd gynderfynol y cwpan yn erbyn Lido Afan yn y Drenewydd. Ac wythnos cyn y gêm fe ges i'r sac unwaith eto. Roedd y Major am fod yng ngofal y tîm ar gyfer y rownd gynderfynol.

Fe gafodd Terry a finne ein gwahardd o'r gêm honno gan y Major. O ganlyniad fe ymddiswyddodd Gwyn Pierce Owen ac Alun Griffiths. Felly fe gwrddodd Terry a finne mewn tafarn yn Aberystwyth. Y bechgyn eu hunain oedd yn rhedeg y tîm. Yn y gêm roedd Gari y mab, a phan fyddai rhywbeth o bwys yn digwydd fe fyddai'n fy ffonio i'r Court Royale gyda'r wybodaeth. Un o'r cefnogwyr selog o'r enw Ishmael oedd ar y fainc, lle dylai Terry a finne fod yn eistedd. A dyna sut yr aeth Bangor drwodd i'r rownd derfynol y tymor hwnnw. Fe enillon ni yn ystod amser ychwanegol. Gyda munud i fynd fe sgoriodd Bangor i wneud y gêm yn gyfartal 2-2. Ac yna fe enillon ni yn ystod amser ychwanegol. Ar ôl y gêm fe ddywedodd y capten am y dydd, Scott Williams, iddyn nhw ennill er mwyn y cefnogwyr ac er mwyn Gwyn Pierce Owen a finne.

Tua chwech o'r gloch y noson honno fe dderbyniais alwad ffôn. Roedd swyddogion Bangor wedi cael gwared o'r Major ac am i mi a Terry ailgymryd at yr awenau. Fe wnaethon ni ac fe ddaeth Gwyn ac Alun yn ôl hefyd. Dyna'r saga fwyaf fues i'n rhan ohoni mewn pêl-droed. Mae'n rhaid mai dyma'r unig dro erioed i dîm ennill gêm gynderfynol a'r rheolwr a'r hyfforddwr yn eistedd mewn tafarn ddeugain milltir i ffwrdd. Pan glywson ni'r canlyniad fe agoron ni botel o siampên.

Erbyn canol yr ail dymor roedd y sefyllfa'n anobeithiol. Droeon fe wnes i gyrraedd Ffordd Farrar a byddai'r drysau i gyd ynghlo am fod neb wedi talu'r dreth. Rwy'n cofio gorfod mynd i gyfarfod â thwrne yn Llandudno gyda Terry Boyle, Alun Griffiths yr ysgrifennydd a Gwyn Pierce Owen. Y gobaith oedd diddymu'r clwb drwy ei wneud yn fethdalwr ac ailgychwyn o'r newydd. Roedd y clwb mewn dyled o £83,000 i'r Cyngor a'r Dreth Incwm a TAW a dim gobaith eu talu. Ar y diwedd dyma'r twrne'n gofyn pwy oedd yn talu ei ffi e. Ddywedodd neb ddim byd am sbel. Yna, yr unig un a gynigiodd dalu oedd Terry druan, er nad oedd ganddo fe'r arian.

Roedd gan Fangor gefnogwr brwd oedd yn berchen ar gadwyn modurdai Pentraeth Automotive, sef Ken Jones, ac roedd e'n gadarnhaol iawn. Fe fyddwn i'n mynd ato bron yn wythnosol yn ymbil am iddo gymryd awenau'r clwb. Yn wir, fe wnes i gynnig cerdded allan ar yr amod y bydde fe'n mabwysiadu'r clwb. Yn y diwedd fe ddaeth i'r adwy ac fe ges i fy nghadw ymlaen tan ddiwedd y tymor. Yn amlwg, roedd e am gael ei bobl ei hunan yn y clwb. Ac fe ddenodd Peter Davenport, cyn-chwaraewr Manchester United, i fy olynu fel rheolwr.

Er gwaetha'r problemau ariannol, fues i erioed heb dderbyn fy nghyflog. Yn amlwg, roedd arian yn dod o rywle. Ro'n i'n ennill £200 yr wythnos, sef pedair gwaith fy nghyflog gydag Aber. Roedd seiliau ariannol Aber wedi gwella gryn dipyn. Y tymor ar ôl i mi adael fe aeth y clwb i Ewrop. Fe gollais gyfle yn hynny o beth ond gwnes yn iawn am hynny drwy lwyddo i fynd â Bangor i Ewrop y tymor wedyn.

Ond y peth mwyaf cadarnhaol am fod yn rheolwr Bangor oedd presenoldeb y llywydd, Gwyn Pierce Owen. Hebddo fe, ni fyddai yna glwb. Rwy'n cofio mynd allan gyda fe i Genefa ar gyfer tynnu'r enwau o'r het ar gyfer gemau clybiau Ewrop. Roedd honno'n un o freintiau mwyaf fy mywyd. Hyd heddiw, mae clwb Bangor yn uchel iawn yn fy meddwl, yn enwedig y cefnogwyr. Hwyrach mai yn Aberystwyth y mae 'nghalon i, ond mae Bangor yn dod yn agos iawn. Oedd, roedd yno ambell i unigolyn na fyddwn i'n dymuno bod gydag e bob dydd, ond roedd yna lawer mwy o bobl arbennig o wych.

Fe wnes i, felly, adael Bangor ar delerau cyfeillgar iawn. Ac ar ôl dau dymor o fod ar y ffordd yn eistedd y tu ôl i lyw'r car yn fwy nag yn unman arall, dyma gyfle o'r diwedd i wylio gemau er mwynhad yn unig. Ond wnaeth hynny ddim para'n hir. Yn sydyn dyma Phil Woosnam yn ffonio i ofyn a fyddai diddordeb gen i mewn cymryd at yr awenau yn Rhaeadr Gwy. Roedd y clwb, oedd yn chwarae ar y Weirglodd, yn ei bumed tymor yn yr Uwch-gynghrair ond ar y gwaelod.

Dyma pryd y daeth Mark Aizlewood i'r darlun unwaith eto. Dyma fe'n fy ffonio a gofyn a o'n i'n gall. Petawn i'n mynd yn rheolwr Rhaeadr, medde fe, chawn i ddim swydd arall yn unman byth wedyn. Am unwaith, roedd e'n iawn. Fe gymerais i'r swydd, fe gollodd Rhaeadr eu lle yn yr Uwch-gynghrair ac fe ddaeth fy ngyrfa i ben fel rheolwr ar y lefel uchaf yng Nghymru. Ond drwy ddewis oedd hynny.

Roedd Rhaeadr yn glwb da, yn glwb lleol hapus iawn oedd wedi bod mewn bodolaeth er 1884 ond oedd yn ei chael hi'n anodd denu chwaraewyr da. Ar ôl disgyn yn 2002 fe ddaeth i ben fel clwb yn 2006 ond fe'i ailffurfiwyd y flwyddyn ganlynol. Pan o'n i yno roedd ganddyn nhw dri chwaraewr dawnus iawn o Ferthyr Tudful ond roedden nhw'n rhy gostus i glwb mor fach. A doedd yna ddim digon o dalentau ifanc yn lleol i greu tîm da o gwmpas y cnewyllyn o fois profiadol ar gyfer yr Uwch-gynghrair.

Fe wnes i fwynhau'r un tymor a dreuliais i yno. Ond fe deimlais i mai dyma'r amser i roi'r gorau i fod yn rheolwr ar y lefel uchaf yng Nghymru. Roedd y busnes yn y Ganolfan Chwaraeon wedi dod i ben erbyn hynny. Ond ro'n i'n gwneud cymaint a fedrwn i gyda Gari yn ei gwmni e, sef Ffigar. Nawr fe fedrwn i wneud mwy. Fe benderfynais hefyd roi mwy o amser i waith hyfforddi yn y Canolbarth gyda Chymdeithas Bêl-droed Cymru. Doedd dim gobaith y gwnawn i droi fy nghefn ar bêl-droed.

Ond doedd y rhod ddim wedi troi'n llwyr, er hynny. Go brin y meddyliais i ar y pryd y byddwn, ymhen saith mlynedd, yn ôl ble dechreuodd y cyfan – ar Barc Pantyfedwen ym Mhontrhydfendigaid yn hyfforddi tîm y Bont yng Nghynghrair Aberystwyth a'r Cylch. Er i mi gael fy ngeni yng Nghapel Seion ac fy mod wedi treulio fy mywyd bron i gyd yn Aberystwyth, ro'n i'n dal i fod yn un o fois y Bont. Ac oeddwn, roeddwn i adre unwaith eto.

10

YN YSTOD Y blynyddoedd diwethaf, gweinyddu fu fy ngwaith yn hytrach na hyfforddi. Rwy bellach yn diwtor mewn llesolaeth gydag Ymddiriedolaeth Cymdeithas Bêl-droed Cymru. Rhan bwysig o'r gwaith yw mynd o gwmpas clybiau i hyfforddi rheolwyr a hyfforddwyr ar ofal plant a phobl ifainc. Yn wir, mae gwahanol ddyletswyddau'r Ymddiriedolaeth Bêl-droed yn waith sydd cystal â bod yn llawn-amser.

Sefydlu'r Ymddiriedolaeth fu un o'r camau pwysicaf yn hanes y gêm yng Nghymru. Ar un adeg fe fu yna agendor rhwng y Gymdeithas Bêl-droed a'r Ymddiriedolaeth ond mae swyddogion fel Neil Ward, Jonathan Ford ac, yn arbennig, Osian Roberts wedi gweddnewid y sefyllfa. Mae Osian nawr hefyd yn gyfarwyddwr technegol fel cynorthwyydd i Gary Speed gyda charfan genedlaethol Cymru.

Fe sefydlwyd yr Ymddiriedolaeth yn 1996 gyda 14 o ymddiriedolwyr, eu hanner o Gymdeithas Bêl-droed Cymru a'r hanner arall o'r tu allan. Y nod yn syml yw annog mwy, yn ddynion a menywod, yn fechgyn a merched o bob cefndir, i chwarae pêl-droed, gyda'r bwriad y bydd hynny'n arwain at lwyddiant ein timau cenedlaethol. Un o'n prif ysgogwyr yw Ian Rush. Y bwriad yw annog a chynyddu nifer y rhai sy'n chwarae'r gêm o lawr gwlad i fyny.

Yn fy achos i, mae'r gwaith hefyd yn golygu rhedeg

cyrsiau ar gyfer myfyrwyr sy'n awyddus i hyfforddi plant mewn pêl-droed. Mae'r agweddau hyn wedi dod yn bwysig iawn yn ystod y blynyddoedd diwethaf, yn arbennig yng ngoleuni'r pwyslais ar iechyd a diogelwch. Ac iawn o beth yw hynny, gan fod hyfforddi plant yn gofyn am ddyletswyddau a rheolau llym iawn. Mae Ymddiriedolaeth Cymdeithas Bêl-droed Cymru wedi buddsoddi'n hael mewn llesolaeth.

Nid gofal corfforol a meddyliol y plant yn unig sy'n bwysig ond hefyd ymddygiad plant a rhieni mewn gemau. Fe all y rhieni weithiau ymddwyn yn fwy plentynnaidd na'u plant. Fe fydda i'n atebol i bwy bynnag sy'n trefnu a datblygu pêl-droed yn yr ardal y bydda i'n ymweld â hi. Mae'r gwaith felly yn mynd â fi ledled Cymru.

Ar ben hynny, fi sydd bellach yn trefnu gemau pêl-droed plant ar gyfer cwmni teledu Sky. Y bwriad yn y maes hwn yw codi proffil y gêm drwy greu cyhoeddusrwydd. Mae'r fenter eisoes yn ffynnu. Yn 2010 fe guron ni dîm dan 16 Lloegr o bedair gôl i ddim ac roedd dros 2,500 yn bresennol yn gwylio'r gêm yn Hwlffordd. Drwy'r math yma o drefniant yr ymddangosodd chwaraewyr ifainc addawol fel Aaron Ramsey ac Adam Matthews.

Rwy'n medru elwa nawr ar brofiad pum mlynedd o wasanaethu fel swyddog datblygu plant ac ieuenctid. Fi oedd yr unig un yng Nghymru oedd ynghlwm wrth gynghrair. Fe gychwynnodd y cyfan nôl yn y saithdegau drwy fy mherthynas â Mike Smith pan oedd e'n rheolwr ar dîm Cymru. Mike wnaeth greu awydd yndda i i fynd i faes hyfforddi yn y lle cyntaf. Ac fe wnes i ddechre gyda thimau plant ac ieuenctid Aberystwyth. Rwy'n cofio, yn y dyddiau cynnar hynny, mynd â thîm dan 11 Aberystwyth i lawr i Abertawe a cholli 17-0. Mae pethe wedi newid ers hynny.

Erbyn i mi ailgydio mewn pêl-droed plant ac ieuenctid gyda'r Ymddiriedolaeth roedd chwarter canrif wedi mynd heibio. Roedd y newid yn anhygoel. Yn un peth, mae'r cyfleusterau wedi gwella y tu hwnt i bob disgwyl. Ro'n i wedi gadael rhyw fath ar etifeddiaeth yn ardal Aberystwyth drwy annog datblygu a hyrwyddo caeau Blaendolau a sefydlu a datblygu llain ar gyfer tîm Ysgol Penweddig ym Mhlascrug. Mae datblygiadau technolegol wedi newid pethe'n llwyr hefyd. Gynt fe fyddai gofyn i mi gysylltu â swyddogion yn unigol drwy eu ffonio. Heddiw mae datblygiad ffôns poced a'r e-bost wedi hwyluso pethe y tu hwnt i bob dychymyg. Mae rhywun yn colli'r berthynas bersonol, wrth gwrs, ond mae'r manteision yn gwneud iawn am hynny.

Nid yw popeth wedi newid er gwell. Un o'r newidiadau mawr fu agwedd y plant. Nôl yn y saithdegau fe fydden nhw'n ciwio i gael chwarae. Heddiw mae angen mwy o berswâd arnyn nhw. Mae cymaint o bethe eraill yn dwyn eu sylw a'u diddordeb. Dyna agwedd y rhieni wedyn. Os oes gan riant fab – neu ferch erbyn hyn – sy'n dangos addewid yn saith neu'n wyth oed, yna mae'n credu y bydd ganddo ddarpar chwaraewr proffesiynol ymhen deng mlynedd. Y gwir amdani yw bod yna filoedd o blant ledled Cymru sydd o safon uchel iawn. Yn anffodus, canran isel iawn sy'n debyg o gyrraedd y nod. O ganlyniad mae plant yn aml yn cael eu rhoi dan bwysau annheg gobeithion eu rhieni.

Cam mawr yn ôl hefyd fu gweld Aber yn colli

Pencampwriaeth Ian Rush. Bwriad sefydlydd y bencampwriaeth, Ian Skewis o Awdurdod Datblygu'r Canolbarth, yn 1984 oedd rhoi cyfle i fechgyn a merched y Canolbarth chwarae yn erbyn goreuon y byd. Ac fe gyrhaeddodd y nod. Fe gychwynnodd y cyfan ar raddfa fach gyda'r gemau rhagbrofol ar Flaendolau a'r gemau terfynol ar gae Aberystwyth ar Goedlan y Parc.

Yna dyma glybiau fel Lerpwl, Aston Villa, Tranmere Rovers, Wrecsam, Caerdydd ac Abertawe yn anfon timau, heb sôn am rai o Ewrop ac America. Ymhlith y darpar sêr a fu yno roedd Michael Owen, Steve McManaman, Robbie Fowler ac Andriy Shevchenko. Heddiw, yn anffodus, mae'n rhatach cynnal y fath ddigwyddiadau ar y cyfandir, ac yn Sbaen yn arbennig. Yn wir, mae'r clybiau'n cael eu talu am fynd yno.

Roedd wythnos y bencampwriaeth yn dod ag elw mawr i'r ardal. Rwy'n amcangyfrif ei fod e'n werth miliwn o bunnau'r flwyddyn i'r dre a'r ardal. Roedd busnes yn y Ganolfan Chwaraeon yn saethu i fyny dros wythnos y bencampwriaeth. Hon oedd wythnos orau'r flwyddyn i ni. Fe fydden ni ar agor o wyth o'r gloch y bore tan ddeg o'r gloch y nos. Roedd gwariant yr Americanwyr, yn arbennig, cystal â chael llyfr siec gwag.

Bydd y gystadleuaeth yn cael ei symud i Gaerdydd. Mae yno fwy o adnoddau, oes, ond ofni ydw i y caiff y gystadleuaeth ei llyncu – yr union beth a ddigwyddodd i Ŵyl Ffilmiau Cymru. Yn Aber roedd y cyfan yn gartrefol.

Ar ôl gadael Rhaeadr Gwy fel rheolwr ddegawd yn ôl, doedd gen i fawr o feddwl yr awn i nôl i hyfforddi clwb unwaith eto. Ond fe ddigwyddodd yr annisgwyl, a nawr rwy'n ôl ble dechreuais i, gyda chlwb y Bont, y clwb a roddodd i mi'r cyfle cyntaf erioed. Mae'r rhod wedi troi mewn cylch cyfan. Un o'r ffyddloniaid, Ken Jones, ailgychwynnodd y cyfan. Un dydd, dri thymor yn ôl, dyma fe'n holi a fyddai gen i ddiddordeb mewn dod nôl yn rheolwr. Roedd y Bont yn dal yng Nghynghrair Aberystwyth a'r Cylch bryd hynny, y clwb hynaf i barhau'n ddi-dor ynddi ers ei sefydlu yn 1947. Fe addewais feddwl am y peth. Ond fe addewais hefyd, petawn i'n ailgydio mewn rheoli neu hyfforddi, mai dim ond at y Bont y byddwn i'n dod.

Ar ddiwedd tymor 2008–9 fe wnes i gyfarfod â'r pwyllgor. Ers degawd doeddwn i ddim wedi bod ynghlwm â chlwb arbennig. Ac oeddwn, ro'n i'n gweld colli'r cysylltiad unigryw hwnnw rhwng rheolwr neu hyfforddwr a chlwb. Fe gytunais, a dyna'r penderfyniad gorau wnes i ers tro byd. Fe gytunais i ddod yn ôl fel hyfforddwr gan adael Andre Marsh wrth y llyw fel rheolwr.

Roedd gen i ddau reswm dros dderbyn y cynnig. Yn un peth, roedd hi'n anrhydedd cael dychwelyd. Yn ail, ro'n i am brofi i mi fy hunan y medrwn i wneud y gwaith unwaith eto. Ac yn wir, fe gafwyd tymor anhygoel, gyda'r Bont yn ennill y bencampwriaeth am y tro cyntaf ers deugain mlynedd. Ac roedd y ffaith i ni wneud hynny ar faes ein gwrthwynebwyr mawr traddodiadol, Tregaron, yn rhoi blas ychwanegol i'r digwyddiad. Ers hynny ry'n ni wedi colli ddwywaith yn eu herbyn. Ond does dim gwahaniaeth am hynny. Pan oedd hi'n fater o orfod ennill yn eu herbyn, fe wnaethon ni. Roedd hi'n gêm yr oedd yn rhaid i ni ei hennill er mwyn gorffen ar y brig. O golli, fe fydden ni hefyd wedi colli'r bencampwriaeth.

Fe fu'n ddiwrnod hir, y gêm yn cychwyn ganol dydd a phawb ar bigau'r drain. Petai Tregaron wedi ennill fe fydden nhw mewn sefyllfa dda i ennill y bencampwriaeth. Ac roedd Tregaron wedi gosod posteri yn cyhoeddi hynny ar waliau a drysau'r stafelloedd newid. Roedd y cyfan yn ychwanegu at yr heip.

Fe ddaeth buddugoliaeth y Bont y diwrnod hwnnw â llawn cymaint o wefr ag a ddaeth wrth arwain Bangor i fuddugoliaeth yng Nghwpan Cymru. Yn wir, o bwyso a mesur y diwrnod cyfan, roedd hwn yn well. Oherwydd fy mod i'n gyrru, fedrwn i ddim ymuno â'r bechgyn i ddathlu yn y Bont. Ond beth wnaethon nhw oedd galw yn y Bont i ddechre dathlu ac yna mynd ymlaen i Aber i gyfarfod â fi. Roedd hynny'n ffafr fawr ac yn dangos eu parch tuag ata i. Yno y buon ni'n dathlu tan oriau mân y bore a'r lle'n ferw. Dyna pryd wnes i sylweddoli faint oedd yr achlysur yn ei olygu iddyn nhw. A do, fe gostiodd y noson honno arian i mi hefyd! Ond fe fu'r cyfan yn werth chweil petai ond i gael gweld dagrau yn llygaid y sinig mawr, Lloyd Thomas, sy'n cael ei adnabod fel Arthur Picton y clwb.

Y diwrnod hwnnw ro'n i'n teimlo fy mod i'n addalu dyled i hen ffyddloniaid y clwb. Dic Hopkins, a ofalai am y bêl fel petai'r Greal Sanctaidd dan ei gesail. Molly Bates, a olchai'r cit bob wythnos, y ffyddlonaf oedd yn bod. A'r dyn cymorth cyntaf, Teifi Davies, a redodd ar y cae unwaith i ymgeleddu un o'n chwaraewyr ac yn hytrach na thywallt dŵr dros ben-glin y chwaraewr clwyfedig fe arllwysodd y sudd oren yr oedd y chwaraewyr i'w yfed adeg hanner amser. Ro'n i'n teimlo eu presenoldeb yno'r diwrnod hwnnw.

Ar ddechre'r tymor diwethaf fe gawson ni fynediad i ail adran Cynghrair Spar y Canolbarth a'r nod, yn syml, nawr yw dringo i'r adran gyntaf. Fe wnes i osod targed o ddwy flynedd ar gyfer cyrraedd y nod hwnnw. Ac rwy'n hyderus y gwnawn ni hynny. Fe orffennon ni'r tymor cyntaf yn bedwerydd.

Oedd, roedd y rhod wedi troi mewn cylch cyfan. Y tro diwethaf i'r Bont ennill y bencampwriaeth yng Nghynghrair Aberystwyth a'r Cylch oedd y tymor cyntaf ar ôl i mi adael. Ac wrth y llyw o hyd roedd y ddau a gariodd y clwb ar eu cefnau ar hyd y blynyddoedd, Lloyd Thomas a Ken Jones. Nhw roddodd i mi'r cyfle cyntaf erioed i chwarae pêl-droed yn rheolaidd. Heddiw rydyn ni'n cyd-eistedd yn y gysgodfa ymhob gêm. Ac mae Lloyd yn dal i fytheirio arna i os na fydd pethe'n mynd yn iawn.

Tîm ifanc, lleol yw tîm y Bont heddiw. Ond yn anffodus mae amryw ohonyn nhw wedi gorfod gadael i chwilio am waith neu le mewn coleg yng Nghaerdydd, Abertawe a Bangor, a hynny'n golygu mai prin yw'r cyfleoedd i gael pawb at ei gilydd ganol yr wythnos i ymarfer. Mae e'n feicrocosm o'r hyn sy'n digwydd yn y bröydd Cymraeg ledled Cymru. Ond adre maen nhw'n dod bob dydd Sadwrn, a hynny heb unrhyw dâl am chwarae nac unrhyw dreuliau chwaith. Ac maen nhw'n chwarae, cofiwch, ar drydedd lefel pêl-droed yng Nghymru. Y fraint, nid y bunt, sy'n bwysig iddyn nhw.

A ninne ar y ffordd i fyny i Goedpoeth i chwarae gêm gwpan, fe arhoson ni yn y Trallwng am bryd o fwyd. Roedd y cadeirydd wedi archebu'r bwyd ymlaen llaw ond, er mawr syndod i mi, roedd pawb yn gorfod talu. Fedrwn i ddim credu'r peth. Fe wnes i deimlo drostyn nhw gymaint nes i mi fynd i 'mhoced a thalu ar eu rhan. Fe gostiodd bron i drigain punt. Roedd y bechgyn yn rhoi o'u hamser – roedden nhw wedi cychwyn am naw o'r gloch y bore a fydden nhw ddim adre tan wyth o'r gloch y noson honno. Ond eto i gyd, roedden nhw'n gorfod talu am eu bwyd.

Mae'r Bont wedi curo ar ddrws llwyddiant ers rhai tymhorau. Hwyrach mai'r hyn wnaeth droi'r fantol oedd fy mod wedi dod â rhyw fath o drefn i'r clwb. Hunanhyder hefyd. Roedd y gallu ganddyn nhw drwy'r amser ond eu bod nhw heb sylweddoli hynny.

Nid ar feysydd pêl-droed yn unig y trodd y rhod. Fe drodd hefyd o ran fy mywyd teuluol. Er i fy musnes fynd i'r wal, mae'n llwyddiannus yn sgil fy mhlant heddiw. Maen nhw wedi llwyddo lle methais i. Mae'r ferch, Ffion, ar frig ei gyrfa fel cynllunydd dillad chwaraeon.

Fe raddiodd hi mewn cynllunio ym Mhrifysgol Kingston yn Llundain. Roedd Gret a Gari a finne'n bresennol yn ei seremoni raddio yn yr Albert Hall. Fe aeth hi ymlaen i weithio fel cynllunydd gyda'r cwmnïau dillad chwaraeon mwyaf yn y byd, gan gynnwys Puma, Adidas a Nike, ac mae hi wedi byw yn yr Almaen am dair blynedd ac yn yr Iseldiroedd am bum mlynedd. Fe fu hi'n gyfrifol am gynllunio cit Brasil, Arsenal a Manchester United. Mae hi wedi cynllunio cit y Teirw Duon a'r Llewod Prydeinig. Fe fu hi hefyd yn gyfrifol am gynllunio cit rhedeg gwibiwr cyflyma'r byd, Usain Bolt.

Yna fe aeth hi ati i helpu i greu cwmni newydd, Field to Podium. Mae hi bellach yn gweithio ar ei liwt ei hun gyda'r prif gwmnïau'n ymgynghori â hi'n rheolaidd. Rwy'n falch iawn ohoni ac yn fwy balch fyth mai gyda Gret a finne yn y Ganolfan Chwaraeon yn Aberystwyth y dechreuodd hi'r cyfan.

Ar ôl graddio fe fu hi'n ddi-waith am gyfnod. Fe deithiodd drwy Ewrop ac ymlaen i America yn chwilio am swydd. Am ychydig fe fu hi'n cynnal ei hun drwy weithio mewn canolfan alwadau. Ond yna dyma swydd yn dod gyda Puma. Roedd gen i ffrind yn gweithio i Puma sef y cyn-chwaraewr Martin Buchan, cyn-amddiffynnwr canol Manchester United a enillodd 34 cap i'r Alban. Fe arferai ddod i lawr i Aber ar ran Puma ac fe fydde fe'n aros gyda ni. Fe ffoniais i Martin ac, yn wir, roedd e wedi sylwi ar enw Ffion ac yn tybio ei bod hi'n perthyn i mi. Wn i ddim a gafodd hynny unrhyw ddylanwad arno ond fe gafodd Ffion y swydd. Ac mae hi wedi mynd o nerth i nerth.

Mae gan Ffion a'i phartner Richard ddau o blant, Siôn a Dylan, ac er nad yw Richard yn Gymro Cymraeg maen nhw'n magu'r plant drwy'r Gymraeg yn Llundain. Fe wnaeth Ffion gyfarfod â Richard pan oedd yn fyfyriwr yn Aber. Mae ganddo radd PhD ac mae e'n bennaeth adran yn un o golegau Llundain.

Yn y cyfamser mae cwmni Gari, sef Ffigar, yn llwyddo. Fe sefydlwyd y cwmni dillad ac offer chwaraeon yn 1994 ac mae e'n canolbwyntio ar frodwaith. Ers ei ddyddiau ysgol mae e wedi bod yn y busnes, gyda fi i gychwyn ac yna gyda'i gwmni ei hun. Pan adawodd e'r ysgol fe aeth i deithio o gwmpas y byd am chwe mis. Erbyn iddo ddychwelyd roedd fy musnes i yn y Ganolfan Chwaraeon wedi mynd i'r wal. Ond cyn pen dim roedd e wedi ailgydio yn yr awenau gan gychwyn busnes Ffigar, sef fy nghreadigaeth i.

Erbyn hyn mae busnes Ffigar â'i ganolfan yn hen siop lyfrau Galloway a Morgan yn Heol y Wig yn Aber. Rhentu'r adeilad mae e ar hyn o bryd ond mae ganddo gynlluniau i'w brynu. Yn ddiweddar daeth i gytundeb â chwmni Kukri i werthu deunydd chwaraeon. Ffurfiwyd y cwmni hwnnw gan Gymro, Phil Morris, yn 1999 ac mae Kukri bellach yn masnachu'n fyd-eang. Ar ben hynny mae gan Gari ddwy siop groser, y naill yn Nhrefechan a'r llall ar y Waun. Maen nhw'n cael eu rhedeg fel siopau pentref gan gyflenwi popeth bron. Fel yn hanes Ffion, mae Gret a minne'n ymhyfrydu hefyd yn llwyddiant Gari ac Amie.

O ran Ffigar mae e wedi ennill cytundebau cyflenwi offer a dillad chwaraeon i nifer o golegau a phrifysgolion ledled Prydain, gan gynnwys Prifysgol Aberystwyth. Rhwng y tair siop mae e'n cyflogi tua dwsin o bobl. Mae Amie, ei wraig, yn codi am bump o'r gloch bob bore i baratoi ar gyfer rhedeg y ddwy siop nwyddau, heb sôn am ofalu am ddau o blant. Merch o Ganolbarth Lloegr yw hi ond mae hi a Gari yn magu'r plant, Tomos ac Elin, yn Gymry Cymraeg.

Rwy'n hynod falch o lwyddiant y plant. Drwyddyn nhw rwy'n teimlo fy mod inne wedi cael ail gyfle i wneud iawn am gamgymeriadau'r gorffennol. Ac mae Gret a finne'n meddwl cymaint o'n gilydd nawr ag y gwnaethon ni erioed. Yr unig wahaniaeth yw ein bod ni'n byw ar wahân. Mae hi bellach yn helpu Gari yn ei fusnes. Mae'r tri ŵyr a'r wyres wedi bod yn help i ddod â ni'n ôl yn agosach at ein gilydd, er na wnaethon ni erioed, mewn gwirionedd, wahanu. Fydd y naill na'r llall ohonon ni'n gwneud unrhyw beth heb fod y ddau ohonon ni'n gwybod. Ry'n ni'n siario popeth ond cartref.

Er gwaethaf camau gwag y gorffennol, mae gen i lawer i fod yn falch ohono. Fe alla i ddychmygu rhai'n edliw wrtha i, 'Dyna blydi ffŵl wyt ti wedi bod!' Ac mae yna rai wedi gwneud hynny yn fy nghefn. Ond y gwir amdani yw, ar ôl i'r busnes fynd i'r wal, nad oedd gen i ddewis ond gwneud yr hyn wnes i er mwyn sicrhau dyfodol Gret a'r plant. Y peth pwysicaf oedd fy mod i'n cadw'r teulu – Gret, Gari a Ffion – gyda'i gilydd. Rwy wedi bod yn barod i ysgwyddo'r bai a dioddef llawer o wawd er mwyn sicrhau eu bod nhw'n iawn. Yn ffodus, mae gen i gefn llydan. Ac er gwaethaf methiant y busnes, rwy'n ystyried fy mywyd i fod yn llwyddiant.

Yn aml fe fydd rhywun yn gofyn yr hen gwestiwn ystrydebol hwnnw, 'Beth pe caet ti ddoe yn ôl? Fydde ti wedi gwneud pethe'n wahanol?' Byddwn, o ran rhai pethe. Fe fyddwn i'n fwy pwyllog o ran rhai penderfyniadau. Fe wnes i rai penderfyniadau gwirion. Fe wnes i eraill yn rhy frysiog. Ac fe wnes i wrando gormod ar bobl eraill a roddodd gynghorion annoeth i mi. Fe ddylwn fod wedi gwrando mwy ar fy llais fy hunan. Ond o edrych ar y darlun yn gyfan, hwyrach na fyddwn i'n dymuno newid dim. Yn sicr, wnawn i ddim newid Gret, Ffion na Gari a'u plant am neb.

Does dim byd fel cymryd cam gwag mewn busnes fel ffordd o ddod i adnabod eich hunan ac, yn bwysicach fyth, dod i wybod pwy yw'ch ffrindiau.

Yr hyn sy'n bwysig i mi yw fy mod i, o leiaf, wedi cyrraedd y brig unwaith. Fe wnes i brofi i mi fy hun y medrwn i ei wneud e. Un camgymeriad mawr wnes i a hwnnw oedd peidio â mynd yn gwmni cyfyngedig. Ond dyna'r wers. Mae fy nghamgymeriad i wedi arwain at fod yn wers ac yn addysg i'r plant. Mae'r teulu'n unedig. Does yna ddim cweryla. Ac rwy'n dod o deulu sy'n enwog am gweryla!

Fe ges i ddechre anodd o sylweddoli na wyddwn i pwy oedd fy nhad. Ro'n i'n teimlo fy mod i ar goll. O ganfod yr ateb i'r cwestiwn hwnnw fe ges i dawelwch meddwl. Roedd fy llystad yn ddyn caled ond fe fu e'n dda i mi. Fe ges i'r gorau bob tro. Os o'n i am gael beic, fe gawn i feic da. Pan ddaeth hi'n adeg i mi gael car, fe ges i gar da. Ac fel tad-cu i'r plant, fedrwn i ddim cael gwell tad. Roedd e'n eu haddoli nhw. Chawn i ddim codi bys yn eu herbyn, er na fyddwn i wedi breuddwydio gwneud hynny. Ei wyres a'i ŵyr oedd popeth iddo, er nad oedd e o'r un gwaed â nhw.

Rwy wedi meddwl droeon a fyddwn i'n fwy bodlon fy myd petawn i heb wybod nad William John oedd fy nhad biolegol. Ond o ddod i wybod, fedrwn i ddim osgoi'r cwestiwn mawr hwnnw, 'Pam na ddywedodd Mam?' Dyna'r cwestiwn sydd wedi fy mhoeni gydol fy mywyd. Mae e'n gwestiwn rwy'n dal i'w ofyn. Does gen i ddim ateb. A dyna pam y gwnes i fynnu canfod y gwir.

Fyddwn i ddim yn disgwyl i William John, fy llystad, fod wedi dweud wrtha i. Fyddwn i ddim wedi disgwyl i fy nhad biolegol ddweud wrtha i. A fedrwn inne yn fy myw ddim datgelu wrth hwnnw fy mod i'n gwybod. Fe dreulion ni oriau gyda'n gilydd heb i ni gydnabod unrhyw beth i'n gilydd. Yn wir, dwi ddim yn credu iddo sylweddoli erioed fy mod i'n gwybod mai fe oedd fy nhad.

Bellach, mae'n rhy hwyr. Ond mae yna un cwestiwn a fydd yn aros heb ei ateb am byth: pam na ddywedodd Mam?

yr hwn ydwyf **John**
Meredith
Hunangofiant

£7.95

Malcolm
Allen

Hunangofiant

y Lolfa

£9.95

Am restr gyflawn o lyfrau'r Lolfa, mynnwch
gopi am ddim o'n catalog
neu hwyliwch i mewn i'n gwefan

www.ylolfa.com

lle gallwch archebu llyfrau ar-lein.

TALYBONT CEREDIGION CYMRU SY24 5HE
ebost ylolfa@ylolfa.com
gwefan www.ylolfa.com
ffôn 01970 832 304
ffacs 832 782